ROBERT MASCHKA

Mozart
Die Zauberflöte

Weitere Bände der Reihe **OPERNFÜHRER KOMPAKT:**

Daniel Brandenburg ▪ Verdi ▪ Rigoletto
Michael Horst ▪ Puccini ▪ Tosca
Michael Horst ▪ Puccini ▪ Turandot
Detlef Giese ▪ Verdi ▪ Aida
Malte Krasting ▪ Mozart ▪ Così fan tutte
Silke Leopold ▪ Verdi ▪ La Traviata
Robert Maschka ▪ Beethoven ▪ Fidelio
Robert Maschka ▪ Wagner ▪ Tristan und Isolde
Volker Mertens ▪ Wagner ▪ Der Ring des Nibelungen
Clemens Prokop ▪ Mozart ▪ Don Giovanni
Olaf Matthias Roth ▪ Donizetti ▪ Lucia di Lammermoor
Olaf Matthias Roth ▪ Puccini ▪ La Bohème
Marianne Zelger-Vogt und Heinz Kern ▪ Strauss ▪ Der Rosenkavalier

Robert Maschka ist Musikschriftsteller. Er verfasste zahlreiche Musikkritiken, Booklets für CDs, Texte für Programmhefte renommierter Orchester, Konzertreihen, Musikfestivals, Opernhäuser etc. Gemeinsam mit Silke Leopold veröffentlichte er das Opernfigurenlexikon *Who's who in der Oper*, außerdem schrieb er das kleine Kompendium *Wagners Ring kurz und bündig* und den Band über *Fidelio* und *Tristan und Isolde* in der Reihe *Opernführer kompakt*. Er ist Mitautor des *Handbuchs der Oper* (mit Rudolf Kloiber und Wulf Konold).

OPERNFÜHRER KOMPAKT

ROBERT MASCHKA

Mozart
Die Zauberflöte

Bärenreiter
HENSCHEL

Auch als eBook erhältlich:
epub: ISBN 978-3-7618-7022-8 ▪ epdf: ISBN 978-3-7618-7023-5

Bibliografische Information der Deutschen Nationalbibliothek
Die Deutsche Nationalbibliothek verzeichnet diese Publikation in der Deutschen Nationalbibliografie; detaillierte bibliografische Daten sind im Internet über www.dnb.de abrufbar.

Gemeinschaftsausgabe der Verlage Bärenreiter, Kassel, und
Seemann Henschel GmbH & Co. KG, Leipzig
Umschlaggestaltung: Carmen Klaucke unter Verwendung eines Fotos von den Salzburger Festspielen 1997 (Matthias Goerne und Sylvia McNair)
© akg-images / Marion Kalter
Lektorat: Jutta Schmoll-Barthel
Innengestaltung: Dorothea Willerding
Satz: EDV + Grafik, Christina Eiling, Kaufungen
Korrektur: Daniel Lettgen, Köln
Notensatz: Tatjana Waßmann, Winnigstedt
Druck und Bindung: GGP Media GmbH, Pößneck
ISBN 978-3-7618-2263-0 (Bärenreiter) ▪ ISBN 978-3-89487-918-1 (Henschel)
www.baerenreiter.com ▪ www.henschel-verlag.de

Inhalt

Zwischen »Fledermaus« und »Parsifal«: Ein Stück für Kinder, Erwachsene und Philosophen

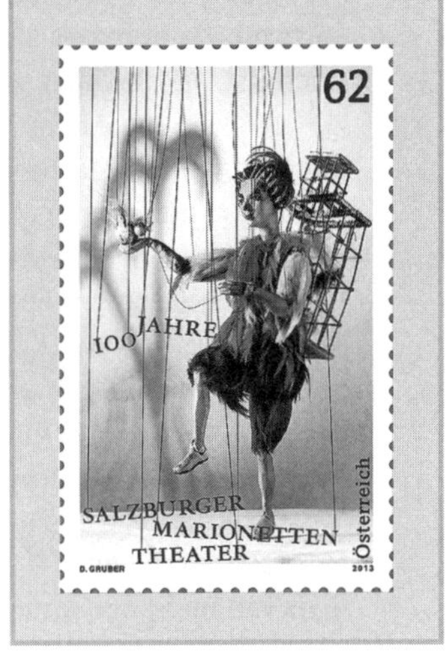

Mozarts »Zauberflöte« ist ein multimedialer Dauerbrenner – nicht zuletzt wegen des liebenswerten Antihelden Papageno. Ins Briefmarkenformat gelangte er, als die Österreichische Post 2013 dem Salzburger Marionettentheater zum 100. Geburtstag gratulierte. Seit 1952 treibt die Papageno-Puppe dort ihre Späße.

»Die *Zauberflöte* gehört zu den Stücken, die ebenso ein Kind entzücken wie den Erfahrensten der Menschen zu Tränen rühren, den Weisesten erheben können. Jeder einzelne und jede Generation findet etwas anderes darin, und nur dem lediglich ›Gebildeten‹ oder dem reinen Barbaren sagt sie nichts.« Alfred Einsteins berühmtes Diktum über Mozarts letzte Oper entstammt seiner nicht minder berühmten Biografie *Mozart. Sein Charakter – Sein Werk*, die der aus Deutschland wegen seiner jüdischen Herkunft verjagte Wissenschaftler im Kriegsjahr 1942 im US-amerikanischen Exil vollendete. Von Einsteins Buch wurde ich als Siebzehnjähriger erstmals zum Nachdenken über Mozart angeleitet; seitdem schlummerten diese schönen Sätze über die *Zauberflöte* in meinem Gedächtnis. Sie brachten mich auf die Idee, in einer Art Feldforschung heutige Liebhaber des Stücks über ihre *Zauberflöten*-Faszination zu befragen, um einen Überblick darüber zu gewinnen, was Menschen verschiedener Lebensalter und Berufe an Mozarts letzter Oper wichtig ist.

Wenn nun meine Interviewpartner zu Wort kommen, so fast durchweg in einer aufsteigenden Altersreihe und mit dem Geburtsjahr in Klammern. Demgemäß soll die jüngste *Zauberflöten*-Kennerin unserer Umfrage den Reigen eröffnen: die Schülerin und Geigerin Amrei Schick (2007). Amrei fasziniert an ihrer »Lieblingsoper«, dass sie »so fantasievoll ist. Und die Königin der Nacht finde ich nicht böse, sie will nur ihre Tochter wiederhaben. Ich finde den Sarastro eher böse. Am liebsten habe ich Papagena, weil sie so bunt und schlau ist.« Der Blick auf die Figuren lässt also bereits ein kleines Mädchen darüber nachdenken, wie es um Gut und Böse in dieser Oper eigentlich bestellt ist. Für die Abiturientin Lisa Maier (1996) ist das Stück ein »jung gebliebener Klassiker«, und sie hebt auf Mozarts Kunst der Personencharakterisierung ab: »Die *Zauberflöte* kann zu jeder Zeit auf jegliche Gesellschaft übertragen werden, weil sich jeder darin in irgendeiner Form wiederfinden kann. So ist für jeden etwas dabei: der lustige, aber etwas naive Papageno mit einfachen Strophenliedern, wie auch die Königin der Nacht mit ihren anspruchsvollen Koloraturarien.« Auch der Musikwissenschaftler Patrick Klingenschmitt (1985) betont die Zeitlosigkeit der *Zauberflöte*, sie sei »ein in jeder Hinsicht revolutionäres Werk, inhaltlich kontrovers angelegt, mit keinem geringeren Ziel als einer durch und durch humanistischen Utopie. Auch nach über 220 Jahren Rezeptionsgeschichte bleibt sie zeitlos subversiv und von beeindruckender Überzeugungskraft.« So gesehen, gründet die Klassizität des Stücks auf seinem Unruhepotenzial und gerade nicht auf einer Bestätigung überkommener Normen. Das sieht der Komponist Anno Schreier (1979) ähnlich, doch argumentiert er mit der unkonventionellen Formgebung des Werks: »Die *Zauberflöte* könnte für uns heute ein Vorbild sein zur Erneuerung des Musiktheaters: weg von der Oper als vollendetem ›Meisterwerk‹, hin zur Oper als heterogenem ›Machwerk‹; ein Neben- und Durcheinander von hohem Ton und populärem Spiel, von Ernst und Klamauk, von Strenge und Über-die-Stränge-Schlagen.«

Und was sagen Interpreten unserer Zeit zur *Zauberflöte*? Die Sopranistin Julia Kleiter (1980), die gegenwärtig als *die* Fachfrau für die Rolle der Pamina gelten kann, räumt ein, eher ein »Rigoletto- als ein Zauberflötenkind gewesen zu sein.« Sie sieht das Stück zwischen Realität und Märchen changieren und macht auf dessen Ernst aufmerksam: »Denn viele Märchen sind ja ernst.« Der Tamino-Darsteller Daniel Behle (1974) wiederum bewundert an der »gut gealterten« *Zauberflöten*-Musik, dass sie »jedes Mal den richtigen Ton zur richtigen Zeit trifft und ihre Klangfarben mitunter bereits auf die Romantik vorausweisen.« Der Dirigent Marc Piollet (1962) rückt die Komposition vollends in den Vordergrund

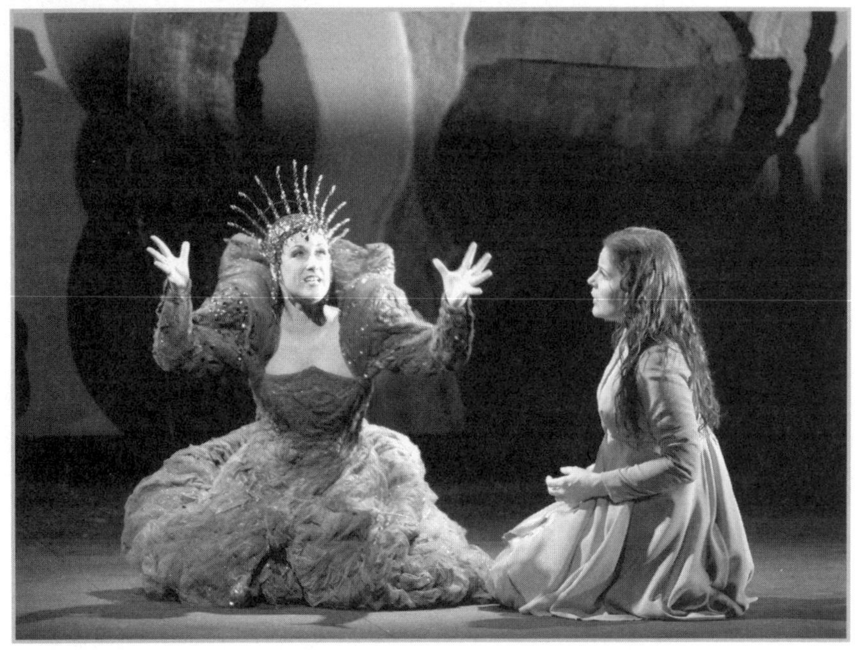

und letztlich vor das Drama. Wenn er sich auf eine neue *Zauberflöten*-Produktion einlasse, sei das wie »ein Comeback zur reinen Musik«. Letztlich habe die *Zauberflöte* eine schwer nachvollziehbare Dramaturgie, »die Irrläufe der Menschen auf der Bühne« würden vielmehr durch die Musik dank ihrer »poetischen Reinheit aufgehoben«. Und so lautet Piollets Fazit: »Andere Stücke sind viel konkreter.«

Das sieht die Buchkünstlerin Caroline Saltzwedel (1957) ähnlich: »Wahn, Traum, Poesie ... Die *Zauberflöte* ist ein endloses Rätsel, das durch die Fülle seiner Melodien mich immer wieder entzückt. Richard Wagner ging es offenbar nicht anders: Tannhäusers Heilsruf ›Elisabeth!‹ scheint mir ein Echo auf den Anfang von Taminos Bildnis-Arie.« Auch einem altgedienten Musikwissenschaftler wie Volker Scherliess (1945) ist die Beschäftigung mit der *Zauberflöte* nach wie vor »höchstes Musik-Glück«, nicht zuletzt, weil man sich keinen abschließenden Reim auf das Werk machen kann: »Altvertraut und geheimnisvoll, von höchster Popularität und doch in ihren geistigen Dimensionen unauslotbar: die *Zauberflöte*. Wer sich ihr nähert, auf welchem Wege auch immer, wird beglückt, muss aber zugleich erschrecken, denn sie sprengt alle Begriffe – nicht zuletzt

Ein klassischer Generationenkonflikt: Die Königin der Nacht (Diana Damrau) im Streit mit ihrer Tochter Pamina (Genia Kühmeier) in Pierre Audis »Zauberflöten«-Inszenierung der Salzburger Festspiele 2006.

den der musikalischen Gattungen. Wie einmal gesagt wurde: Hier sind *Fledermaus* und *Parsifal* noch zusammen ...«

Der Theaterverleger Karlheinz Braun (1932) hingegen nähert sich dem Stück als Bühnenpraktiker, wenn er fragt: »Kann es einen wirkungsvolleren Anfang einer Oper geben als den der *Zauberflöte*? Der Angriff einer mythengesättigten Schlange auf einen Jüngling zu einem überaus gestischen Allegro in c-Moll. ›Zu Hilfe! zu Hilfe! sonst bin ich verloren‹, ruft dieser Tamino und fällt in Ohnmacht. Doch schon erscheinen drei verschleierte Damen und erledigen in hoffnungsvollem As-Dur das Ungeheuer. ›Triumph! Triumph! Sie ist vollbracht die Heldentat!‹, jubeln sie darauf in Es-Dur und bestaunen in unverhohlenem erotischen Interesse den schönen Jüngling.« Weiter amüsiert sich Karlheinz Braun über das »Zickenterzett« der um die Gunst des ohnmächtigen Tamino streitenden Damen, nach deren Verschwinden und Taminos Erwachen »nur der Kadaver einer Schlange von der überstandenen Gefahr« zeugt. Damit biete »bereits die erste Szene der Oper genügend Material für ein psychoanalytisches Seminar.«

Welch ein anregendes Durcheinander bereits in dieser kleinen *Zauberflöten*-Vorschau: Da treffen sich Jung und Alt, indem sie die Protagonisten beobachten, während andere die reine Musik in den Vordergrund rücken. Oder es wird versucht, den spezifischen Charakter des Stücks auf den Punkt zu bringen und seine Schönheit zu beschreiben, außerdem wird seine historische Einordnung, Zukunftsfähigkeit und Inspirationskraft diskutiert. Hierbei gilt für die Laien ebenso wie für die Fachleute und Praktiker: Alle haben ihre eigene Version von der *Zauberflöte* im Kopf. Auch scheint für niemanden die persönliche Aneignung des als Rätsel begriffenen Werks abgeschlossen zu sein. Abgehakt hat es also niemand. Wie aber lässt sich größere Einsicht in die Eigenart eines Werks gewinnen, das sich wie die *Zauberflöte* letztlich im Abseits gängiger Kategorien entfaltet? Vielleicht gelingt das ja über die Entstehungsgeschichte. Deshalb wollen wir uns nun den beiden Urhebern des Werks – dem Komponisten und dem Librettisten – zuwenden.

Mozart und Schikaneder: Zwei Selfmademen ziehen an einem Strang

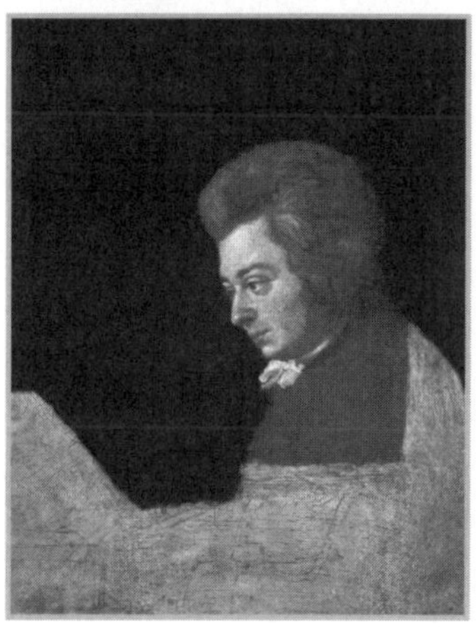

Joseph Langes Mozart-Porträt wohl von 1782: 1789 sollte das Ölgemälde offenbar erweitert werden, um Mozart am Klavier sitzend zu zeigen.

»Eine Oper, die ich mit dem seligen Mozart fleißig durchdachte«, so blickte Emanuel Schikaneder am 14. Juni 1795 auf die *Zauberflöte* zurück, als er seinem Libretto zu der heroisch-komischen Oper *Der Spiegel von Arkadien* eine Vorrede voranstellte. Mozart war damals bereits über dreieinhalb Jahre tot, verstorben neun Wochen nach der Uraufführung der *Zauberflöte*, die im Wiener Vorstadttheater auf der Wieden stattgefunden hatte. Schikaneder wiederum – nicht allein Direktor des Wiedner Theaters, sondern überdies Mozarts Librettist und Uraufführungs-Papageno – sieht sich inzwischen genötigt, mit dieser kurzen Bemerkung auf *seinen* Anteil am Dauererfolg der *Zauberflöte*, die bis zur Schließung des Hauses 1801 insgesamt 223 Mal gegeben werden sollte, hinzuweisen. Er reagiert damit auf eine Tendenz in den damaligen Journalen, zwar Mozarts Musik in den Himmel zu heben, um dafür desto härter mit der Textvorlage ins Gericht zu gehen. Man habe schließlich, so Schikaneder in seiner Verteidigungsrede, »Beyspiele genug, daß die besten Musiken bey schlechten Büchern gescheitert sind.« Das nun soll sagen: Hätte er, Schikaneder, mit dem *Zauberflöten*-Text nicht so gute Arbeit geleistet, hätte selbst ein Mozart mit der Komposition Schiffbruch erleiden können. Schikaneders Selbstlob mag uns heute überheblich scheinen, denn ohne

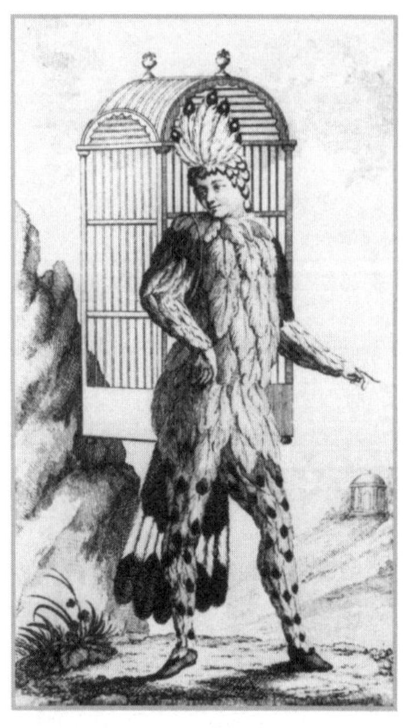

Mozarts Musik wäre von der *Zauberflöte* längst keine Rede mehr. Gleichwohl hat Schikaneder aus seinem zeitbefangenen Blickwinkel heraus recht: In der Tat war die *Zauberflöte* ein Gemeinschaftswerk vom Komponisten *und* seinem Textlieferanten. Das entsprach vollauf Mozarts Arbeitsweise: Bekanntlich pflegte er auch zu dem Librettisten Lorenzo Da Ponte ein enges Arbeitsverhältnis; warum dann nicht auch zu Schikaneder? Was also brachte diese beiden Männer zusammen? Warum konnten sie so gut miteinander? Daraufhin wollen wir nun ihre Biografien befragen und darauf schauen, wo sich Anknüpfungspunkte und Gemeinsamkeiten, aber auch Unterschiede zeigen.

Komponist und Librettist: Zwei reisende Selbstdarsteller machen sich auf den Weg

In den Jahrzehnten vor Ausbruch der Französischen Revolution stechen uns höchst eigenwillige Lebenswege ins Auge, die sich in den Normen einer ständischen Gesellschaft immer weniger fassen lassen. Die Bindungen an Fürsten und Höfe, an weltliche und geistliche Landesherren, aber auch an die zunftmäßige Ordnung innerhalb der Städte erodieren nach und nach. Und so begegnen uns Leute meist bürgerlicher Herkunft von enorm kreativer oder künstlerischer Potenz, denen eines gemeinsam ist: ihre Mobilität. Geschäftssinn treibt diese Selfmademen durch Europa, und die Grenzen zwischen Scharlatanerie und echter Könnerschaft sind fließend: Windige Betrüger und Obskuranten wie Cagliostro, der der Alchemie frönende mysteriöse Graf von Saint Germain oder sein angeblicher Schüler, der mit Magnetsteinen hantierende Wunderheiler Franz Anton Mesmer, reisen durch die Lande – nach Aufmerksamkeit heischend und auf den Geldbeutel ihres Publikums schielend, das seinerseits auf Sensationen aus ist. Aber auch im Bereich der Künste agieren Selbstvermarkter ohne Netz und doppelten Boden, allen voran der Herzensbrecher und Schriftsteller Casanova oder

Emanuel Schikaneder als Papageno in der Erstausgabe des »Zauberflöten«-Librettos von 1791.

Jahr	Historische Daten	Daten zu Biografie und Werk
1756	1. Mai: Der Vertrag von Versailles führt mit dem Bündnis zwischen den französischen Bourbonen und den österreichischen Habsburgern zu einer Neuausrichtung der politischen Allianzen in Europa; 29. August: Beginn des Siebenjährigen Kriegs; Leopold Mozarts *Versuch einer gründlichen Violinschule* erscheint in Augsburg	27. Januar: Mozart wird als siebtes und letztes Kind des Salzburger Hofviolinisten Leopold Mozart und seiner Frau Anna Maria, geb. Pertl, geboren und am folgenden Tag im Salzburger Dom auf die Namen Joannes Chrysostomus Wolfgangus Theophilus getauft; er selbst wird in Italien mit Wolfgango Amadeo, ansonsten mit Wolfgang Amadé unterschreiben; zum Zeitpunkt seiner Geburt lebt von seinen Geschwistern nur noch Maria Anna (1751–1829), genannt Nannerl
1761	Joseph Haydn wird Kapellmeister in Esterháza	Beginn der musikalischen Ausbildung, erste Kompositionen
1762	Glucks *Orfeo ed Euridice* in Wien	Erste Konzertreisen nach München und Wien
1763	15. Februar: Der Frieden von Hubertusburg beendet den Siebenjährigen Krieg	9. Juni: Beginn der mehr als dreijährigen Europareise der Familie Mozart (Rückkehr nach Salzburg am 29. November 1766)
1769	Madame du Barry avanciert zur Mätresse des französischen Königs Ludwig XV.; Geburt Napoleon Bonapartes	Im November: Ernennung zum dritten Konzertmeister der Salzburger Hofkapelle; 13. Dezember: Aufbruch zur Italienreise, die bis Frühling 1771 dauern wird
1770	Heirat Maria Antonia von Habsburgs mit dem französischen Thronfolger und späteren König Ludwig XVI.	In Rom Aufnahme in den päpstlichen Orden vom Goldenen Sporn; Uraufführung von *Mitridate, re di Ponto* KV 87 in Mailand
1771	Tod des Salzburger Fürsterzbischofs Sigismund von Schrattenbach	Uraufführung von *Ascanio in Alba* KV 111 in Mailand
1772	14. März: Wahl von Hieronymus Graf Colloredo zum Salzburger Fürsterzbischof	Zur Inthronisierung von Fürsterzbischof Colloredo wird die Azione teatrale *Il sogno di Scipione* KV 126 aufgeführt
1775	Nach dem Tod seines Großvaters (1774) wird Ludwig XVI. zum König von Frankreich gekrönt	Uraufführung von *La finta giardiniera* KV 196 in München und von *Il re pastore* KV 208 in Salzburg; die Violinkonzerte KV 211, 216, 218 und 219 entstehen
1777	Gottfried van Swieten, der 1782 Mozart mit Werken von Händel und Bach bekanntmachen wird, wird Präfekt der Hofbibliothek in Wien; Geburt Heinrich von Kleists	Mozart reist mit der Mutter über Augsburg nach Mannheim; erste Kontakte zur Familie Weber; Josepha, die älteste Schwester seiner späteren Frau Constanze, wird die erste Königin der Nacht sein

Jahr	Historische Daten	Daten zu Biografie und Werk
1778	Eröffnung der Mailänder Scala mit Salieris *L'Europa riconosciuta*; Tod Voltaires und Rousseaus	Weiterreise nach Paris, wo am 3. Juli die Mutter stirbt; auch in geschäftlicher Hinsicht ist die Reise ein Fehlschlag
1779	Druckausgabe von Lessings *Nathan der Weise*	Nach der Rückkehr wird Mozart Hoforganist in Salzburg mit 450 Gulden Jahressalär
1780	Tod Maria Theresias	Erste Bekanntschaft mit Emanuel Schikaneder
1781	Als erstes Wiener Vorstadttheater eröffnet das Leopoldstädter Theater; Immanuel Kants *Die Kritik der reinen Vernunft*	Uraufführung des *Idomeneo* KV 366 in München; Bruch mit dem Salzburger Fürsterzbischof, Mozart lässt sich in Wien nieder
1782	Uraufführung von Friedrich Schillers *Die Räuber* in Mannheim; Giovanni Paisiellos *Il barbiere di Siviglia* in St. Petersburg	Uraufführung der *Entführung aus dem Serail* KV 384 in Wien; 4. August: Mozart heiratet trotz des Widerstands seines Vaters Constanze Weber
1783	Die Brüder Montgolfier sorgen in Paris mit ihren Heißluftballon-Experimenten für Furore	Ende Juli reist Mozart mit Constanze nach Salzburg, dort Aufführung der fragmentarischen c-Moll-Messe KV 427
1784	Tod Denis Diderots und Wilhelm Friedemann Bachs	14. Dezember: Eintritt in die Freimaurerloge Zur Wohltätigkeit
1786	Goethes *Iphigenie auf Tauris* in Weimar; Geburt Carl Maria von Webers; Tod Friedrichs II. von Preußen	Uraufführung des *Schauspieldirektors* KV 486 in Schönbrunn und von *Le nozze di Figaro* KV 492 im Wiener Burgtheater
1787	Schillers *Don Carlos* in Hamburg; Geburt Louis Daguerres; Tod Glucks	28. Mai: Tod Leopold Mozarts; Uraufführung des *Don Giovanni* KV 527 in Prag; 7. Dezember: Ernennung zum k. k. Kammermusicus
1788	Geburt Arthur Schopenhauers; Tod Carl Philipp Emanuel Bachs	Entstehung der letzten drei Sinfonien KV 543, 550 und 551 (*Jupiter-Sinfonie*)
1789	14. Juli: Der Sturm auf die Bastille markiert den Beginn der Französischen Revolution	Reise nach Prag, Dresden, Leipzig und Berlin
1790	Nach dem Tod Josephs II. wird dessen Bruder Leopold II. Kaiser; Haydn bricht nach London auf	Uraufführung von *Così fan tutte* KV 588 in Wien; Reise zur Kaiserkrönung nach Frankfurt
1791	14. September: Ludwig XVI. leistet den Eid auf die neue Verfassung, Frankreich wird konstitutionelle Monarchie; Geburt Franz Grillparzers und Giacomo Meyerbeers	6. September: Uraufführung von *La clemenza di Tito* KV 621 in Prag; 30. September: Uraufführung der *Zauberflöte* KV 620 in Wien; das Requiem KV 626 bleibt unvollendet; 5. Dezember: Mozart stirbt in Wien

sein venezianischer Landsmann, der bereits erwähnte Mozart-Librettist Lorenzo Da Ponte, ein entlaufener Priester jüdischer Herkunft, den seine dichterischen Hervorbringungen einerseits, etliche Amouren andererseits in die absonderlichsten Verlegenheiten und Gefahren brachten.

Zwei Gruppen stehen in diesem europäischen Welttheater der Selbstdarsteller schon von Berufs wegen ganz vorne auf der Bühne: zum einen die Musiker, zum anderen das fahrende Volk der Schauspieler. Und nicht zuletzt in der *Zauberflöte* werden sie sich ein Stelldichein geben. Noch aber ist es nicht so weit. Die Voraussetzungen dafür müssen erst noch geschaffen werden – etwa durch die viel beschriebene Wunderkind-Karriere des jungen Mozart. Diese geniale PR-Tour in mehreren Reisen wurde vom Vater Leopold passgerecht auf die Unterhaltungsbedürfnisse einer meist höfischen Hörerschar zugeschnitten, die sich von dem kleinen Musikus in Begleitung seiner viereinhalb Jahre älteren Schwester Maria Anna, genannt Nannerl, bezaubern ließ. Leopold Mozarts Projekt der Eigenkindvermarktung mag heutzutage wie ein Ausbeutungsdelikt anmuten, gäbe es da nicht einen triftigen Einwand: die offensichtliche Freude der beiden Mozart-Kinder an diesen Reisen.

Hinzu kommt Vater Leopolds erzieherischer Eros. Von Drill und Einzelhaft am Klavier keine Spur. Spielerisch werden Nannerl und Wolfgang ans Musizieren herangeführt, das Geigespielen bringt sich der Knabe weitgehend selbst bei. Dass Reisen bildet, bestätigt sich bei Mozart in zweifacher Hinsicht: Die ihm in den fremden Ländern begegnenden Sprachen erlernt er mühelos, und weil er auf seinen Touren durch Europa und die deutschen Lande immer ein offenes Ohr für die Werke der vor Ort wirkenden Komponisten hat, eignet er sich frühzeitig eine breite musikalische Repertoirekenntnis an. Wie ein Schwamm scheint er diese vielfältigen Reiseklangeindrücke aufzusaugen, als er nach ersten Stückchen aus dem Jahre 1761 nach und nach ins Kompositionshandwerk hineinwächst. Daraus erklärt sich, dass ihm – wie wir nicht zuletzt an der *Zauberflöte* sehen werden – letztlich alle musikalischen Gattungen, Stile, Kompositionstechniken und Tonfälle, die seinerzeit gängig waren, zu Gebote standen.

Doch lassen wir zunächst ein paar Reisestationen des kleinen »Mozartl«, wie ihn sein Dienstherr, der Hochwürdigste Fürsterzbischof von Salzburg und Primas Germaniae Sigismund Christoph von Schrattenbach, nannte, Revue passieren: 1762 spielte der gerade sechsjährige Knabe am kurfürstlichen Hof zu München und sogar am kaiserlichen Hof zu Wien auf. 1763/64 verschlägt es ihn nach Paris und Versailles sowie nach London; 1765 findet man ihn in den Niederlanden, ein Jahr später in Genf und Zürich, 1770/71 in Rom, wo er in den päpstlichen Orden vom Goldenen

Sporn aufgenommen wird, und in Mailand. Die Kaiserin Maria Theresia freilich beeindruckt diese Ordensverleihung nicht, ausdrücklich rät sie ihrem in die Lombardei abkommandierten Sohn Ferdinand Karl davon ab, den »jeune salzburgois« in Dienst zu nehmen; man brauche bei Hofe keine Komponisten oder dergleichen »unnütze Leute«, auch würden die Mozarts »die Erde ablaufen wie die Bettler«. Auch wenn Mozart von der kaiserlichen Geringschätzung keine Ahnung hatte, so tut sich in dieser Äußerung eine aristokratentypische Arroganz kund, die Mozart zeit seines Lebens auf die Palme brachte.

Wie vergänglich der Nimbus des Wunderknaben indessen war, erfuhr Mozart 1777/78, als er sich über Augsburg und Mannheim nach Paris begab, wo seine Reisebegleiterin, die Mutter, am 3. Juli 1778 starb. Weder brachte ihm die Reise, wie er erhofft hatte, einen Opernauftrag noch eine feste Anstellung ein. Denn der Heimatstadt war Mozart inzwischen längst überdrüssig, zumal dem seit 1772 amtierenden Fürsterzbischof Colloredo die Reiselust der Familie Mozart ein Dorn im Auge war. Immerhin gewährte Colloredo Mozart ab 1779 für die Position des Salzburger Hoforganisten ein Jahresgehalt von 450 Gulden. Der private Gewinn der Reise sollten indessen seine zum Missfallen des Vaters geknüpften Kontakte zur Familie Weber in Mannheim sein: In deren zweitälteste Tochter, die Sopranistin Aloisia, hatte sich Mozart damals unglücklich verliebt, die älteste Tochter Josepha sollte die erste Königin der Nacht und die drittjüngste der insgesamt vier Weber-Töchter, Constanze, dereinst Madame Mozart werden.

Blenden wir uns nun in die Kindheit Emanuel Schikaneders ein. Geboren am 1. September 1751 in Straubing als viertes von fünf Kindern des Dienstboten-Ehepaares Schickeneder, entstammt er – anders als Mozart – geradezu ärmlichen Verhältnissen, zumal der Vater 1753 verstarb. Die Mutter sorgte fürs bildungsmäßige Fortkommen ihrer Söhne: Wie in Straubing, so nach einem Umzug in die altehrwürdige Reichstags-Stadt Regensburg besuchten Emanuel und sein älterer Bruder Urban – der zweitälteste Bruder überlebte das Säuglingsalter nicht – das Jesuitengymnasium. Als Kapellknabe zum musikalischen Dienst im Dom verpflichtet, erlernt Emanuel bei den Jesuiten außerdem das Violinspiel. Gemeinsam mit seinem das Horn blasenden Bruder schließt Emanuel sich in der Ferienzeit anderen Musikanten an, um als sogenannter Lyrant für ein paar Groschen in Wirtshäusern, bei Hochzeiten, Kirchweihfesten usw. aufzuspielen. Nichts also deutet bei Emanuel auf eine herausragende Karriere. Allerdings hatte er als Gymnasiast bei den Theaterstücken der Jesuiten mitgewirkt, und sein Entschluss, sich dem Theater zu verschreiben, scheint früh gefallen zu sein. So sehen wir ihn 1773 in Augsburg als Mitglied einer Wandertruppe erstmals auf der Bühne stehen, und im Jahr darauf ist er bereits am Hoftheater in Innsbruck engagiert. 1776 wird dort sein Erstling von weit über hundert folgenden Stücken erfolgreich aufgeführt: *Die Lyranten oder Das lustige Elend.* Zum ersten und einzigen Mal in seiner Laufbahn ist Schikaneder hier sein eigener Komponist. Auch lernt er in der Truppe Eleonore Arth kennen; seit 1777 lebt sie mit Emanuel in einem recht freizügigen Ehedurcheinander, und wegen ihrer eigenen Affären ist es dann auch nicht immer ganz so wichtig, dass Schikaneder scharenweise Kinder mit wem auch immer in die Welt setzt. Vor allem aber sollte Schikaneder in seinem Schicksalsjahr 1777 seinen schauspielerischen Durchbruch haben: als gefeierter Hamlet in München.

Der Beginn einer wunderbaren Freundschaft in Salzburg

Wir sehen schon jetzt: Anders als die europaweite Karriere Mozarts bleibt diejenige Schikaneders auf den süddeutschen Sprachraum beschränkt. Ab Anfang 1778 agiert er in Augsburg erstmals als Theaterchef. Wir lassen Schikaneder samt seinem Ensemble nun durch die Städte ziehen, bis er im Winter 1780/81 in Salzburg haltmacht. Nun kommt es nämlich zur ersten Begegnung mit den Mozarts, und hier wird die Freundschaft zwischen Komponist und Librettist gestiftet. Die Mozarts wohnen inzwischen nicht mehr in der Getreidegasse, sondern auf der anderen Seite der Salzach im Tanzmeisterhaus. Das Schauspielhaus liegt schräg gegenüber. Die Aufführungen im Theater und der Zeitvertreib des Bölzelschießens im Tanzmeisterhaus bringen die beiden Männer einander näher. Schikaneder führt unter anderem ein Singspiel auf einen Text jenes Stephanie des Jüngeren auf, der alsbald Mozart das Libretto zur *Entführung aus dem Serail* liefern wird. Als Mozart am 5. November zur Einstudierung des *Idomeneo* nach München abreist, begleitet Schikaneder den neuen Freund zur Postkutsche. Auch schreibt Mozart trotz der Belastung durch die Proben in München für Schikaneders Produktion einer Komödie von Carlo Gozzi eine Einlagearie.

In den folgenden Jahren verlieren Mozart und Schikaneder einander nicht mehr aus den Augen. Beide setzen sich in Wien fest: Mozart mit einem Affront, indem er sich 1781 von Graf Arco, dem Oberstkämmerer des Fürsterzbischofs Colloredo, mit einem Tritt aus dem Dienst befördern lässt. Auch emanzipiert sich Mozart in diesen frühen 1780er-Jahren vom Vater und heiratet gegen dessen erbitterten Widerstand 1782 Constanze

Mozart-Potpourri ohne die »Zauberflöte«

Geistliche Musik: u. a. 18 Messen, darunter *Krönungsmesse* C-Dur KV 317 (1779), Messe c-Moll KV 427 (1782/83 unvollendet), Requiem d-Moll KV 626 (1791 unvollendet); Motetten *Exsultate, jubilate* KV 165 (1773) und *Ave verum corpus* KV 618 (1791)

17 vollendete Opern, darunter *Idomeneo* KV 366 (1781), *Die Entführung aus dem Serail* KV 384 (1782), *Le nozze di Figaro* KV 492 (1786), *Don Giovanni* KV 527 (1787), *Così fan tutte* KV 588 (1790), *La clemenza di Tito* KV 621 (1791)

Etliche Lieder, darunter *Das Veilchen* KV 476 (1785), *Abendempfindung an Laura* KV 523 (1787) und *Sehnsucht nach dem Frühling* KV 596 (1791)

Wenigstens 41 Sinfonien, darunter Sinfonie A-Dur KV 201 (1774), Sinfonie D-Dur KV 297, populär als *Pariser Sinfonie* (1778), Sinfonie D-Dur KV 385, genannt *Haffner-Sinfonie* (1783), Sinfonie C-Dur KV 425, die sogenannte *Linzer Sinfonie* (1783), Sinfonie D-Dur KV 504, genannt *Prager Sinfonie* (1786), 3 Sinfonien des Jahres 1788: Sinfonie Es-Dur KV 543, Sinfonie g-Moll KV 550, Sinfonie C-Dur KV 551, populär als *Jupiter-Sinfonie*

Serenaden, Divertimenti, Märsche, Tänze, darunter *Haffner-Serenade* D-Dur KV 250 (1776), Serenade B-Dur *Gran Partita* KV 361 (vor 1784), Sextett *Ein musikalischer Spaß* KV 522 (1787), *Eine kleine Nachtmusik* KV 525 (1787)

Mindestens 27 Konzerte für Klavier und Orchester, darunter Konzert Es-Dur KV 271, genannt *Jeunehomme-Konzert* (1777), Konzert d-Moll KV 466, Konzert C-Dur KV 467 (beide 1785), Konzert c-Moll KV 491 (1786), Konzert D-Dur KV 537, genannt *Krönungskonzert* (1788), Konzert B-Dur KV 595 (1791)

Etliche Konzerte für verschiedene Instrumente, darunter Konzert für Flöte und Harfe C-Dur KV 299 (1778), Klarinettenkonzert A-Dur KV 622 (1791), 5 Violinkonzerte, darunter Konzert A-Dur KV 219 (1775)

Kammermusik: 6 Streichquintette; 26 Streichquartette, darunter Quartett in C-Dur (*Dissonanzenquartett*) KV 465 (1785); Klarinettenquintett A-Dur KV 581 (1789), Klavierquintett Es-Dur KV 452 (1784), Klavierquartette g-Moll KV 478 (1785) und Es-Dur KV 493 (1786), 6 Klaviertrios, Sonaten und Variationen für Klavier und Violine

Zahlreiche Werke für Klavier: Variationen, Menuette, Rondos; Klaviersonaten, darunter Sonate A-Dur mit dem Schlussrondo *Alla Turca* KV 331 (1783), *Sonata facile* C-Dur KV 545 (1788); Fantasie c-Moll KV 475 (1785); außerdem Sonate D-Dur für zwei Klaviere KV 448 (1781)

Sonstiges: *Maurerische Trauermusik* c-Moll KV 477 (1785), Adagio und Fuge c-Moll KV 546 (1788) für Streicher, Adagio und Allegro f-Moll KV 594 (1790) sowie Allegro und Andante (Fantasie) f-Moll KV 608 (1791), jeweils für ein Orgelwerk

Weber, sodass im Jahr darauf eine Versöhnungsreise nach Salzburg zum Vater fällig ist. Anders als der Womanizer Schikaneder mit seinen zahllosen Lieb- und Vaterschaften wird Mozart ein verlässlicher Ehemann und Familienvater sein. Es sind dies die Jahre von Mozarts größten Erfolgen: Der Kaiser besucht 1783 eine von Mozart veranstaltete Konzertakademie, auch im Jahr darauf sind seine Konzertveranstaltungen bedeutende gesellschaftliche Ereignisse in Wien. *Le nozze di Figaro* macht 1786 zunächst in Wien, dann in Prag Furore, im Jahr darauf wird *Don Giovanni* in Prag begeistert aufgenommen. Überdies wendet sich Mozart zur Mitte des Jahrzehnts der Freimaurerei zu. Schikaneder wird darüber in Kenntnis gesetzt. Beleg dafür ist Mozarts letztes vollendetes Werk, die *Kleine Freimaurerkantate* KV 623 auf Verse Schikaneders, deren erster Entwurf auf das Jahr 1785 zurückreicht.

Schikaneder wiederum braucht zwei Anläufe, um in Wien Fuß zu fassen. Zunächst weiß er Kaiser Joseph II. in Pressburg als Schauspieler dermaßen zu beeindrucken, dass dieser ihm 1784 die Intendanz des Wiener Kärntnertortheaters anträgt, allerdings nur für die Winterspielzeit. Anfang November eröffnet Schikaneder dort die Saison mit Mozarts Sensationserfolg von 1782, der *Entführung*. Ab April ist er dann für ein knappes Jahr am Burgtheater als Schauspieler engagiert, um danach wieder für einige Jahre durch die Lande zu tingeln. In Regensburg wird Schikaneder 1787 mit der dortigen Theaterdirektion betraut, und abermals findet sich die *Entführung* auf dem Spielplan, darüber hinaus wird er im Jahr darauf nun ebenfalls Logenbruder. Freilich haben die Regensburger Freimaurer nicht lange Freude an ihm: Wegen seines lockeren Lebenswandels, der ihm eine Vaterschaftsklage einbringt, wird Schikaneders Mitgliedschaft für sechs Monate suspendiert. Inkognito macht er sich aus Regensburg zu Schiff fort, um in Wien wieder an Land zu gehen. Dort war nämlich jüngst Johann Friedel gestorben, der Geliebte seiner Frau Eleonore, die inzwischen einige Jahre eigene Wege gegangen war. Ihren Liebling Friedel hatte sie in seiner Tätigkeit als Prinzipal des Wiedner Theaters unterstützt, das mitten in einem riesigen Mietkomplex damals außerhalb von Wien, im sogenannten Freihaus, gelegen war. Indem Schikaneder nun den verblichenen Liebhaber seiner Frau nicht nur privat, sondern auch beruflich ablöste, setzte er sich quasi ins gemachte Nest. Damit stand zumindest das Theater schon bereit, für das alsbald die *Zauberflöte* geschrieben werden sollte.

Teamwork im Freihaus und Epilog

Es wird schon stimmen, was Schikaneder über seine *Zauberflöten*-Zusammenarbeit mit Mozart im Rückblick (siehe S. 11) geäußert hat. Denn wie aus privaten, so aus beruflichen Gründen wurden die Kontakte zwischen beiden nun eng. Das kam so: Mozart war seit 1789 phasenweise Strohwitwer, weil sich seine Frau auf ärztlichen Rat hin wiederholt zur Kur nach Baden bei Wien begab. Da lag es auf der Hand, bei der inzwischen im Freihaus eingemieteten Schwiegermutter und bei seiner Schwägerin und Koloraturenspezialistin Josepha Hofer familiären Anschluss zu suchen. Josepha, die Primadonna der Wiedner Bühne, war nach Friedels Tod ins Schikaneder-Ensemble übernommen worden. Dieses muss man sich als eine Art Großfamilie denken – mit Schikaneder, dem »Don Juan von der Wieden«, wie ihn seine Frau nannte, als Pater familias an der Spitze. Neben dieser familienähnlichen Annäherung ließ seine angespannte finanzielle Lage Mozart an die Seite Schikaneders rücken: Obwohl inzwischen zum kaiserlich-königlichen Kammermusicus avanciert, reichte Mozarts Jahresgehalt von 800 Gulden bei Weitem nicht aus. Sein aufgrund des 1788 ausgebrochenen Türkenkriegs klamm gewordenes aristokratisches Publikum hatte ihn mehr und mehr im Stich gelassen, sodass sich Konzertveranstaltungen auf eigenes Risiko nicht mehr lohnten. Darüber hinaus fand sein jüngstes Großprojekt, die Oper *Così fan tutte*, nicht die gewünschte Beachtung, da einen knappen Monat nach der Uraufführung (26. Januar 1790) der Kaiser starb und die Theater wochenlang geschlossen blieben. Ebenso wenig brachten Reisen nach Berlin (1789) und im Jahr darauf nach Frankfurt zur Krönung des neuen Kaisers Leopold II. Erfolg oder Gewinn

Es ist also klar, dass Mozart auf aristokratische Mäzene nicht mehr zählen konnte und sich ein neues Publikum erschließen musste. Und das waren die einfachen Leute, die abseits des Hofes in den Vorstädten Wiens im Theater unterhalten werden wollten, beispielsweise die Schikaneder-Fans. Dennoch wollte Mozart seine fürstlichen Auftraggeber nicht verprellen und lieferte für des neuen Kaisers Königskrönung in Prag die Musik zu der Festoper *La clemenza di Tito*. Diese wurde am 6. September 1791 unter der Leitung des Komponisten uraufgeführt, 24 Tage vor der *Zauberflöte*. Gleichwohl unterstützte Mozart Schikaneders Projekte und Künstler tatkräftig. Er schrieb Arien für die Schwägerin (*Schon lacht der holde Frühling* KV 580) und für den späteren Sarastro Franz Xaver Gerl (*Per questa bella mano* KV 612) und steuerte für Schikaneders Singspiel *Der Stein der Weisen oder Die Zauberinsel* (1790) das Ulk-Duett »Nun liebes Weibchen, ziehst mit mir?« KV 625 bei, in dem die Sopranistin miauen durfte.

Wie Schikaneder und Mozart die *Zauberflöte* gemeinsam »fleißig durchdachten«, wie sich diese Zusammenarbeit konkret darstellte, darüber ist wenig bekannt. Die Forschung geht davon aus, dass Mozart sich nicht vor dem Frühjahr 1791 an die Arbeit machte; in Briefen an seine in Baden kurende Frau von Juni/Juli sind mehrere gemeinsame Essen mit Schikaneder erwähnt. Am 11. Juni schreibt er Constanze: »Aus lauter langer Weile habe ich heute von der Oper eine Arie componirt«, und er schließt den Brief, nachdem er auf ein Essen bei seinem Logenbruder und Kreditgeber Michael Puchberg zu sprechen gekommen ist, recht kurios mit einem *Zauberflöten*-Zitat: »Ich küsse Dich 1000mal und sage in Gedanken mit Dir: Tod und Verzweiflung war sein Lohn!« Offenbar war das Mahnwort der *Zauberflöten*-Priester von »Tod und Verzweiflung« unter den Mozarts inzwischen zu einem geflügelten Scherzwort geworden. Im Brief vom 2. Juli wiederum lässt Mozart über seine Frau dem bei ihr weilenden Kompositionsschüler, Notenkopisten und nachmaligen Requiem-Vervollständiger Franz Xaver Süßmayr ausrichten, »er soll mir vom ersten Ackt, von der Introdu[k]tion an bis zum Finale, meinen Spart schicken, damit ich

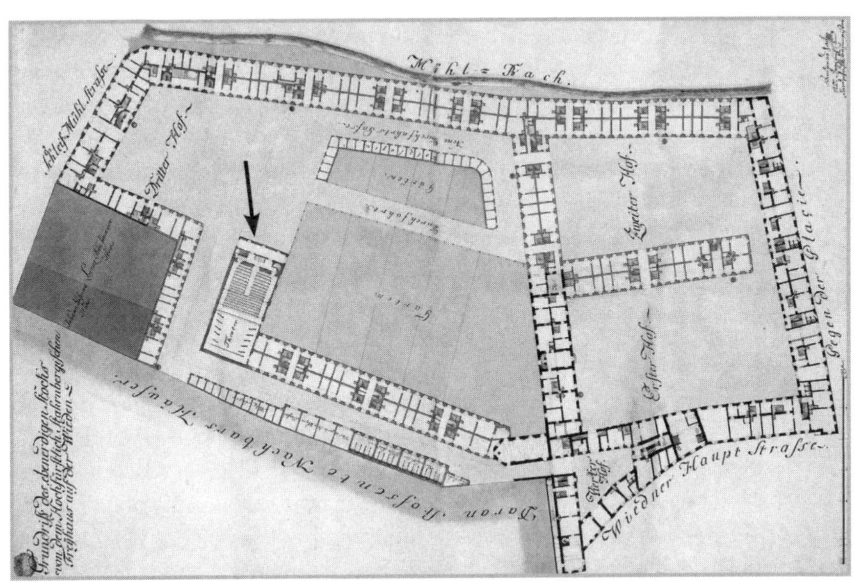

Der »Grundriss des ebenerdigen Stocks von dem Hochfürstlich Stahrnbergischen Freyhaus auf der Wieden«: Die enormen Ausmaße dieser damals vor Wien gelegenen Mietwohnanlage lassen sich daraus abschätzen, dass die Längsausdehnung des mit Pfeil markierten Theatergebäudes knapp 38 Meter betrug.

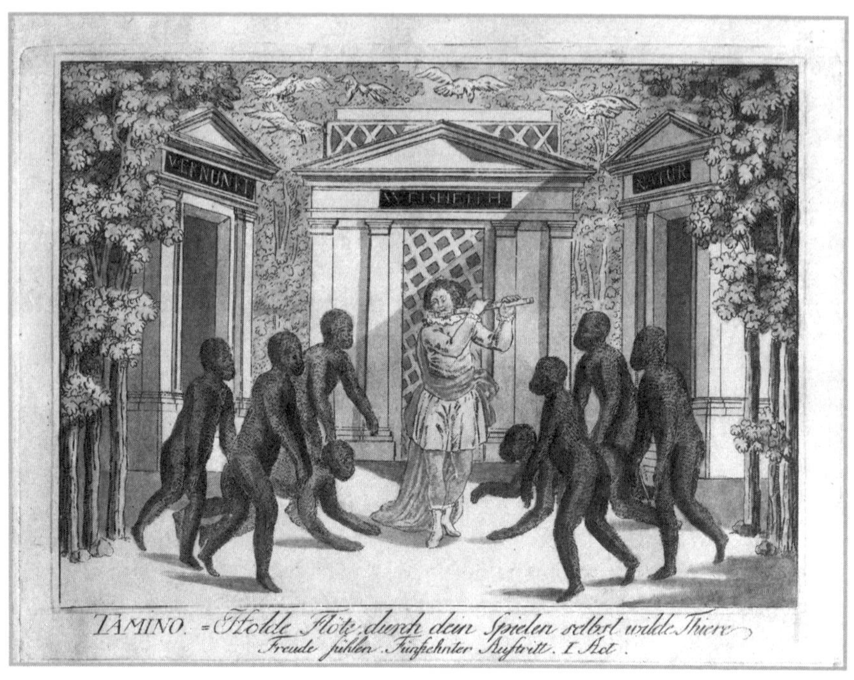

instrumentiren kann.« Das heißt, dass bis zu diesem Zeitpunkt zumindest der 1. Akt bereits vollständig im Particell – also in einem Partiturentwurf, aus dem man zur Einstudierung bereits die Singstimmen für die Gesangsproben herausziehen konnte – vorlag. Irgendwann »im Jullius« trägt Mozart dann »Die Zauberflöte [...] eine Teutsche Oper in 2 Aufzügen« in sein 1784 begonnenes *Verzeichnüß aller meiner Werke* ein. Die Ouvertüre und der Priestermarsch (Nr. 9) wurden am 28. September, also erst zwei Tage vor der Uraufführung, ins Werkverzeichnis nachgetragen. Auch wurden der »dreimalige Akkord« und mehrere Passagen für Einzelstimmen erst kurz vor der Uraufführung fertig und der Partitur angehängt. Kleinere Abweichungen zwischen Libretto und Partitur, wenige Striche, vor allem von betrachtenden Versgruppen lassen schlussfolgern, dass Schikaneder Mozart für die Komposition und insbesondere bezüglich des musikalischen Timings freie Hand ließ. Ebenso bezeugen die Werkkonzeption und die frühe Aufführungsgeschichte eine hoch professionelle, vertrauensvolle Arbeitsteilung und ein herzliches persönliches Einvernehmen zwischen Komponist und Librettist, wie die geneigte Leser-

Kolorierter Kupferstich der Gebrüder Schaffer von 1795 mit Tamino als Bändiger wilder Affen, vermutlich nach einer Szenerie der Uraufführung von 1791.

schaft beim Vorblättern in die zugehörigen Kapitel unseres Opernführers feststellen wird.

Der traurige Epilog dieser Künstlerfreundschaft muss allerdings auch noch vermeldet werden: Unmittelbar unter dem Eindruck von Mozarts Tod stand Schikaneder an jenem 5. Dezember in Trauer aufschreiend vor Mozarts Haus. Er war es, der für den 10. Dezember die Trauerfeier in der Michaelerkirche mit Teilen aus Mozarts unvollendet gebliebenem Requiem organisierte. Und was ist aus Schikaneders späterem Leben in Sachen Mozart noch zu vermelden? Am Wiedner Theater etablierte Schikaneder eine beachtliche Mozart-Pflege, die sich um die *Zauberflöte* als Hauptwerk gruppierte. Besonders nobel: eine konzertante Aufführung im September 1798 von Mozarts *Titus*, deren Erlös an seine Witwe ging.

Für das Wiedner Theater kam freilich wenige Jahre später das endgültige Aus. Es sollte zu Mietwohnungen umgebaut werden, und am 12. Juni 1801 zieht Schikaneder nach der Abschiedsvorstellung publikumswirksam in das nahe gelegene Theater an der Wien um, das auf seine Initiative hin in der Rekordzeit von nur 13 Monaten erbaut worden war. Bereits am folgenden Tag wird das neue Haus mit einer *Alexander*-Oper Franz Teybers auf einen Schikaneder-Text eröffnet. Doch auch die *Zauberflöte* kommt in einer prachtvollen Neuinszenierung Anfang 1802 am Theater an der Wien heraus, und im November 1805 wird dort die Urfassung von Beethovens *Fidelio* durchfallen. Schikaneder selbst wird am 28. Dezember 1806 ein letztes Mal auf der Bühne seines Theaters den Papageno geben. An seinen folgenden Wirkungsstätten – Brünn, abermals Wien, Budapest, Steyr und endgültig Wien – macht sich nun immer mehr sein alkoholbedingter körperlicher und geistiger Verfall bemerkbar. Als er am 21. September 1812 stirbt, ist Schikaneder bankrott.

Die Stoffgeschichte und das Sujet

Ein Quellen-Potpourri aus dem Märchen- und Mythensteinbruch

Der Blick auf Mozarts und Schikaneders Leben hat uns zwei vielseitig interessierte und risikofreudige Männer gezeigt. Das Pfund, mit dem sie wucherten, war ihre künstlerische Begabung. Und um sie erfolgreich einsetzen zu können, beobachteten die beiden genau die damalige Wiener Theaterszene. Abseits des Hoftheaters verlangte das Publikum auf den Vorstadtbühnen vor allem nach Unterhaltung. Unter anderem waren dort Hanswurstiaden, Possen und Zauberstücke en vogue, am besten zu einem Ragout vermischt. Überdies mussten derlei Stücke so angelegt sein, dass sie das Können der gerade zur Verfügung stehenden, eher kurzlebigen Theatertruppen sowie Bühnentechnik und Ausstattungsmöglichkeiten optimal zur Geltung brachten. Daraus erklärt sich, dass Sujet und Ausformung der *Zauberflöte* die damalige Wiener Theatermode im Allgemeinen und die spezifischen Verhältnisse der Schikaneder-Bühne und ihres Ensembles im Besonderen widerspiegeln. Damals waren die Grenzen zwischen Sprech- und Gesangstheater vor allem in der Gattung Singspiel nicht streng gezogen. Und so traten in der *Zauberflöte* zu reinen Sprechpartien (die drei Sklaven) und reinen Gesangspartien (die drei Knaben) singende Schauspieler (Papageno und Monostatos) und Gesangssolisten, die wiederum in Sprechszenen auch über Schauspielerqualitäten verfügen mussten.

Aufgrund fehlender Quellen wissen wir über die szenische Realisierung der Uraufführungsproduktion nur wenig. Allerdings ist bekannt, dass sich die Tiefe der Wiedner Bühne auf 12 Meter bemaß. Damit war es – wie die Bühnenangaben im Libretto zeigen – Schikaneder möglich, vor einem Bühnenprospekt weiterspielen zu lassen, während auf der Hinterbühne bereits für die darauffolgende Szene umgebaut wurde. Die für die *Zauberflöte* typischen schnellen Wechsel der Bühnenbilder resultieren daraus. Auch sollte die Handlung ermöglichen, dass der technische Apparat durch verblüffende Effekte Aufsehen erregte. Aus diesem Grund ist die *Zauberflöte* nicht zuletzt auch eine Maschinenkomödie, wie die Versenkungen im Bühnenboden, der Einsatz von Donner-, Wind- und Flugmaschinen usw. zeigen. Auf 5.000 bis 7.000 Gulden wurden in der damaligen Presse Schikaneders Ausgaben zur Realisierung der *Zauberflöten*-Produktion geschätzt.

Darüber hinaus sind die Wiener Vorstadttheaterverhältnisse in der Stoffgeschichte des Werks wahrnehmbar. Denn von einer dominierenden literarischen Vorlage kann keine Rede sein. Vielmehr wurden Handlung und Personal aus etlichen Quellen zusammengesucht, um dem Spektakelcharakter der Produktion Genüge zu tun. Die aus den Vorlagen extrahierten und zur *Zauberflöten*-Handlung neu montierten Bruchstücke wiederum bezeugen Schikaneders und Mozarts theaterpraktische Professionalität hinsichtlich der Ausbeutung literarischer und sonstiger Inspirationsquellen. Einige von ihnen haben eine uralte Geschichte. So weist etwa die Eingangsszene der Oper frappierende Parallelen zu Episoden aus Hartmann von Aues *Iwein*-Roman (um 1200) auf, der seinerseits auf Chrétien de Troyes' *Yvain*-Epos (um 1177) zurückgeht. Mozart könnte durch seinen Logenbruder Karl Joseph Michaeler, der Hartmanns Werk 1786/87 in zweisprachiger Edition (Mittelhochdeutsch und modernes Deutsch) vorlegte, von diesem Text erfahren haben.

Einen wichtigen Steinbruch – auch für die Konkurrenzwerke der *Zauberflöte* – bot die damals populäre Märchensammlung *Dschinnistan*, die Christoph Martin Wieland von 1786 bis 1789 herausgegeben hatte. Darin ist unter anderem August Jacob Liebeskinds *Lulu oder Die Zauberflöte* enthalten. In diesem Märchen sendet eine Fee den Titelhelden Lulu zur Befreiung ihrer in Zauberershand gefallenen Tochter aus, wobei eine magische Flöte nützliche Dienste leistet. Der Plot unserer Oper ist hier also vorgebildet. In einem anderen *Dschinnistan*-Märchen, *Adis und Day*, spielt ein hässlicher schwarzer Sklave eine ähnlich ungute Rolle wie sein *Zauberflöten*-Nachbild Monostatos im Umgang mit Pamina, während in *Neangir und seine Brüder* sich der Held – nicht anders als Tamino – in ein Porträt verliebt. Das Märchen *Die klugen Knaben* bietet wiederum in den Titelfiguren die Vorläufer des Knabenterzetts aus der Oper. Überdies lieferte Wielands Erzählung *Nadir und Nadine* die Vorlage zu der von Schikaneder 1790 in seinem Theater uraufgeführten Oper *Der Stein der Weisen oder Die Zauberinsel*, deren Titel von einem anderen der *Dschinnistan*-Märchen stammt. Etliche der *Zauberflöten*-Uraufführungsinterpreten wirkten bereits bei dieser Produktion mit, und Mozart gehörte, wie bereits erwähnt, zu ihrem Komponistenkollektiv. Auch gibt es inhaltliche Parallelen – beispielsweise den Prüfungsweg eines hohen und eines niederen Paares, in denen Tamino und Pamina und Papageno und Papagena vorgebildet sind. Außerdem wurde 1790 in Wien im Theater in der Leopoldstadt Wenzel Müllers Singspiel *Das Sonnenfest der Brahminen* auf einen Text von Karl Friedrich Hensler aufgeführt; wie alsbald in der *Zauberflöte* trägt sich auch dort die Handlung in einem Priesterstaat zu.

Eine weitere Fundgrube für das Libretto – sogar mit fast wörtlichen Anklängen in Sarastros Chor-Arie Nr. 10 und im Gesang der Geharnischten im 2. Finale – bot die *Geschichte des Sethos*, eine romanhafte Ägypten-Fiktion des Abbé Jean Terrasson aus dem Jahr 1731, deren deutsche Übersetzung von Matthias Claudius 1777/78 in Druck ging. Mit dem *Sethos*-Roman betreten wir das weite Feld der Mutmaßungen über die alten Ägypter, deren historische Realität zur Mozart-Zeit allenfalls in den seinerzeit bekannten baulich-künstlerischen Hinterlassenschaften und in den historisch wenig zuverlässigen literarischen Zeugnissen der griechisch-römischen Antike fassbar war. Vergessen wir nicht: Erst 1822 sollte die Dechiffrierung des Steins von Rosette gelingen – und damit die

Grillparzers Stubenmädchen in der Rolle seines Lebens

In seiner 1853 entstandenen Selbstbiografie gibt der Dichter Franz Grillparzer einen der wenigen Hinweise auf die szenische Realisierung der *Zauberflöte* zur Mozart-Zeit. Offenbar verkleidete Schikaneder Kinder für das Finale des 1. Akts als Affen. Eines dieser von Taminos Zauberflötenspiel herbeigelockten Bühnenäffchen sollte dereinst Grillparzers Stubenmädchen sein: »Eins der frühesten Bücher, die ich las, war das Textbuch der Zauberflöte. Ein Stubenmädchen meiner Mutter besaß es und bewahrte es als heiligen Besitz. Sie hatte nämlich als Kind einen Affen in der genannten Oper gespielt und betrachtete jenes Ereignis als den Glanzpunkt ihres Lebens. Außer ihrem Gebetbuche besaß sie kein anderes als diesen Operntext, den sie so hoch hielt, daß, als ihr die Anfangsblätter abhanden gekommen waren, sie mit eigener Hand mühselig das Fehlende abschrieb und dem Buche beilegte. Auf dem Schoße des Mädchens sitzend, las ich mit ihr abwechselnd die wunderlichen Dinge, von denen wir beide nicht zweifelten, daß es das Höchste sei, zu dem sich der menschliche Geist aufschwingen könne.«

Entschlüsselung der altägyptischen Hieroglyphen. Vorher kann von Ägyptologie im wissenschaftlichen Sinn eigentlich nicht gesprochen werden.

Die Bekanntheit des Romans spiegelt sich darin wider, dass auch in Tobias Philipp von Geblers Schauspiel *Thamos, König in Ägypten* der Oberpriester des Tempels in der Stadt Heliopolis Sethos heißt. Mozart hatte für dieses heroische Drama die Schauspielmusik (KV 345, Chöre und Zwischenaktmusiken in mehreren Fassungen, von 1773 bis 1780) komponiert. Vor allem aber griff Ignaz von Born neben antiken Quellen (Herodot, Plutarch, Diodorus Siculus und Lucius Apuleius) auf den *Sethos*-Roman zurück, als er 1784 seinen Essay *Über die Mysterien der Aegyptier* veröffentlichte. Als sogenannter Meister vom Stuhl der Wiener Freimaurerloge Zur wahren Eintracht machte Born seine Logenbrüder in einer Vortragsreihe mit dem Essay bekannt – als Gast darunter auch Mozart von der Schwesterloge Zur Wohltätigkeit. In dieser Schrift versuchte Born nichts weniger, als eine Verwurzelung des Freimaurertums in der Weisheitslehre und im angeblich priesterlich-aristokratischen Kult Altägyptens plausibel zu machen. Jan Assmann hat in seinem Buch *Die Zauberflöte. Oper und Mysterium* diese aufschlussreiche Quelle zur Geschichte der Wiener Freimaurerei behandelt. Überdies parallelisiert Assmann darin den Prüfungsprozess der Oper mit den mehrstufigen Aufnahmeritualen der Freimaurer, die Ignaz von Born wiederum in die Priesterwelt der alten Ägypter zurückgespiegelt hatte.

Last, but not least verweist die *Zauberflöte* auf den antiken Mythos des Sängers Orpheus, der Mozart nicht zuletzt durch Glucks *Orfeo ed Euridice* (Wien 1762, wiederaufgenommen an Silvester 1781) bekannt gewesen sein dürfte. Mehrere Motive des Mythos sollten in Mozarts Oper wiederkehren, wobei die besänftigende Wirkung von Orpheus' Sangeskunst in Taminos schutzkräftigem Zauberflötenspiel ein Pendant fand. Wie im Mythos der Gesang des Orpheus zum einen wilde Tiere zähmte und zum anderen die unerbittlichen Gesetze der Unterwelt außer Kraft setzte, sodass Orpheus die Chance erhielt, seine verstorbene Gattin Eurydike ins Leben zurückzuführen, so besänftigt in der Oper der Klang der Zauberflöte zum einen Sarastros Löwen und weiteres Ungetier, und zum anderen nimmt der magische Flötenton sogar der Feuer- und Wasserprobe ihre Bedrohlichkeit. Überdies sind sowohl Orpheus als auch Tamino an Gelübde gebunden. Jedoch scheiterte Orpheus am göttlich verfügten Gebot, auf dem Weg zurück in die Oberwelt sich keinesfalls nach Eurydike umzudrehen; Tamino hingegen hält das ihm auferlegte Schweigegebot ein. In dieser Hinsicht ist Tamino also ein Anti-Orpheus.

Die Handlung

Text und Stoffquellen Verschiedene Märchen aus der von Christoph Martin Wieland herausgegebenen Sammlung *Dschinnistan*, Jean Terrassons Roman *Sethos* in der deutschen Rezeption insbesondere durch Ignaz von Born, außerdem der Orpheus-Mythos u. a.

Uraufführung 30. September 1791 in Wien im Wiedner Theater

Personen Sarastro (Seriöser Bass, F–es^1); Tamino (Lyrischer Tenor, e–a^1); Sprecher (Bariton, auch Bass, c–d^1); Erster Priester, eine Stimme von innen (Heldenbariton, auch Charakterbass, A–es^1); Zweiter Priester (Tenor, e–g^1); Dritter Priester (Sprechrolle); Königin der Nacht (Dramatischer Koloratursopran, h–f^3); Pamina, ihre Tochter (Lyrischer Sopran, cis^1–b^2); Erste Dame (Jugendlich-dramatischer Sopran, h–b^2); Zweite Dame (Jugendlich-dramatischer Sopran, auch Dramatischer Mezzosopran, h–as^2); Dritte Dame (Tiefer Alt, g–as^2); Erster Knabe (Sopran, auch Knabensopran, f^1–a^2); Zweiter Knabe (Mezzosopran, auch Knabenmezzo, b–g^2); Dritter Knabe (Alt, auch Knabenalt, gis–es^2; Ein altes Weib (Soubrette, d^1–a^2); Papageno (Lyrischer Bariton, auch Spielbariton, B–e^1); Monostatos, ein Mohr (Spieltenor, auch Charaktertenor, H–as^1); Erster geharnischter Mann (Heldentenor, es–a^1); Zweiter geharnischter Mann (Seriöser Bass, auch Charakterbass, G–des^1); Drei Sklaven (Sprechrollen); Priester, Sklaven (Männerchor); Gefolge (gemischter Chor)

Ballett Mohrentanz (1. Akt, Finale)

Orchester 2 Flöten (2. auch Piccoloflöte), 2 Oboen, 2 Klarinetten (auch 2 Bassetthörner), 2 Fagotte, 2 Hörner, 2 Trompeten, 3 Posaunen, Pauken, Glockenspiel, Streicher

Bühnenmusik Panflöte; für den dreimaligen Akkord im 2. Akt (aus dem Orchester zu besetzen): 2 Flöten, 2 Oboen, 2 Bassetthörner, 2 Fagotte, 2 Hörner, 2 Trompeten, 3 Posaunen

Ort und Zeit der Handlung Raue Felsengegend mit rundem Tempel – Prächtiges Gemach mit sternenverziertem Thron – Felsengegend wie zuvor – Prächtiges ägyptisches Zimmer – Ein von drei Tempeln eingefasster Hain – Wald aus silbernen Palmen mit goldenen Wedeln, darin 18 Sitze, auf denen Pyramiden stehen – Vorhof des Tempels mit Trümmern von Säulen und Pyramiden, an beiden Seiten hohe ägyptische Türen – Mondbeschienener Garten mit Laube und Rasenbank – Halle, in die ein Flugwerk hereinschwebt – Gewölbe von Pyramiden – Garten – Berg mit inwendigem Feuer und ein Berg mit Wasserfall im Inneren, beide mit Gittertüren versehen, zwischen den Bergen erhöht eine Pyramide, eine Tür, die sich später zu einem hell erleuchteten Tempel öffnet – Garten wie zuvor – Eine den Theaterraum ausfüllende Sonne ▪ Keine Zeitangabe

Gliederung Ouvertüre und 21 Musiknummern, die durch Dialoge miteinander verbunden sind

Spieldauer Etwa 3 Stunden

Vorgeschichte Einst herrschten Paminas Eltern, die Königin der Nacht und ihr Mann, der Träger des siebenfachen Sonnenkreises, gemeinsam. In einer magischen Stunde schnitt Paminas Vater aus dem Wurzelwerk einer uralten Eiche einen Ast und schuf daraus eine goldglänzende Zauberflöte, deren Klang schützende und befriedende Kräfte entströmen. Kurz vor seinem Tod vermachte er den Sonnenkreis einer Schar geweihter Männer, deren Anführer Sarastro ihn seitdem verwaltet. Überdies unterstellte Paminas Vater Frau und Tochter der Führung dieser Priesterschar. Damit ist der Königin der Nacht nach dem Tod ihres Mannes lediglich ihr eigener Herrschaftsbereich geblieben, mit dem Verlust des Sonnenkreises hat sie sich nie abgefunden. Die Feindschaft zu Sarastro resultiert daraus. Sarastro wiederum verschleppte Pamina in sein Reich, um sie dem Einfluss der Mutter zu entziehen.

1. Akt Prinz Tamino hat sich beim Jagen in eine felsige Gegend verirrt und wird von einer monströsen Schlange verfolgt. Er fällt vor Schreck in Ohnmacht, doch bevor die Bestie ihn erreichen kann, machen drei mit silbernen Wurfspießen bewaffnete Damen dem Untier den Garaus. Alsbald sticht den drei Damen, die in Diensten der Königin der Nacht stehen, die Schönheit Taminos ins Auge. Sie geraten darüber in Streit, wer bei ihm Wache halten dürfe, während die anderen beiden der Königin über das Vorgefallene Bericht erstatten sollen. Da keine von ihnen zurückstecken will, bleibt den Damen nichts anderes übrig, als sich gemeinsam auf den Weg zu ihrer Fürstin zu machen. Tamino kommt zu sich, sieht die Schlange tot vor sich liegen und versteckt sich: Denn bunt gefiedert, auf einer Panflöte pfeifend und mit einem Käfig voller Vögel auf dem Rücken sieht er Papageno sich nähern. Beide wissen nicht recht, was sie voneinander halten sollen. Papageno kann mit Taminos Auskunft, er sei ein Prinz, nichts anfangen. Tamino wiederum wundert sich darüber, dass Papageno noch nicht einmal weiß, wer seine Eltern sind. Immerhin bekommt Tamino eine Ahnung davon, auf seiner Flucht ins Herrschaftsgebiet der Königin der Nacht geraten zu sein, als ihm Papageno davon erzählt, er erhalte im Tausch für die von ihm gefangenen Vögel von den Dienerinnen der Königin Speis und Trank. Da Tamino misstrauisch Papagenos gefiedertes Äußeres mustert, versucht dieser dem Prinzen zu imponieren, indem er sich als Bezwinger der Schlange ausgibt. Diese Lüge ruft die drei Damen wieder auf den Plan. Sie bestrafen Papageno für seine Aufschneiderei, indem er für seine Vögel bloß eine Flasche Wasser und einen Stein erhält, zudem schlagen sie ihm ein Schloss vor den Mund, sodass er nicht mehr sprechen kann. Sie geben sich Tamino als die tatsächlichen Siegerinnen über die Schlange zu erkennen und händigen ihm im Auftrag der Königin ein Medaillon mit Paminas Porträt aus. Versunken in dessen Betrachtung, erwacht Taminos Liebe zu Pamina. Als er von ihrer Entführung durch Sarastro erfährt, ist er zu Paminas unverzüglicher Befreiung bereit. Nichts anderes hat die Königin der Nacht hören wollen, und so spalten sich die Berge und geben den Blick auf die thronende Königin frei. Sie klagt Tamino ihr Leid, beauftragt ihn mit der Rettung ihrer Tochter und verspricht ihm zum Lohn Paminas Hand. Ebenso plötzlich, wie sie erschienen war, ist die Königin der Nacht auch wieder verschwunden. Der zwangsverstummte Papageno macht auf sich aufmerksam und erweckt Taminos

Mitleid. Die drei Damen haben ein Einsehen und entfernen das Schloss von Papagenos Mund. Tamino aber überreichen sie die schutzkräftige Zauberflöte, und Papageno geben sie im Auftrag der Königin den Befehl, sich mit Tamino als dessen Diener in Sarastros Reich aufzumachen. Der ist, da er über Sarastro allerhand Gruseliges gehört hat, von der anstehenden Reise wenig begeistert, lässt sich dann aber doch überreden, als ihm die Damen ein Kästchen, in dem sich ein silbernes Glockenspiel befindet, zum Geschenk machen. Sich verabschiedend, stellen die drei Damen Tamino und Papageno drei Knaben in Aussicht, denen sie blindlings vertrauen sollen. ▪ Während sich drei Sklaven in einem ägyptisch eingerichteten Zimmer zu schaffen machen, freuen sie sich darüber, dass Pamina ihrem aufdringlichen Bewacher Monostatos entwischt sei. Tatsächlich aber hat Monostatos Pamina wieder eingefangen. Bevor er sich jedoch abermals an die vor Angst in eine Ohnmacht gefallene Pamina heranmachen kann, tritt Papageno herein: Er ist von dem auf die Ankunft der drei Knaben wartenden Tamino vorausgeschickt worden. Nun aber erschrecken Monostatos und Papageno wechselweise über das Aussehen des anderen, sodass Monostatos Reißaus nimmt. Pamina kommt wieder zu sich und erfährt von Papageno, dass Tamino sie liebt. Auch fassen Prinzessin und Vogelfänger Zutrauen zueinander und tauschen sich darüber aus, wonach sie sich am meisten sehnen: nach einer partnerschaftlichen, die Menschen zu gottgleichen Wesen veredelnden Liebesbeziehung. ▪ In einem Hain, der von drei der Vernunft, der Weisheit und der Natur geweihten Tempeln eingefasst ist, trifft Tamino auf die drei Knaben. Offenbar sind sie nur gekommen, um ihn zu ermahnen, »standhaft, duldsam und verschwiegen« zu sein. Vom Rat der Knaben beeindruckt, wundert sich Tamino darüber, dass in einer so kultiviert anmutenden Gegend ein dermaßen lasterhafter Herrscher wie Sarastro sein Unwesen treiben soll. Seine Versuche in die Tempel zu gelangen, werden von unsichtbaren Stimmen vereitelt. Alsbald aber tritt aus dem Weisheitstempel ein Priester, dessen Worte und Verhalten Tamino zutiefst verunsichern. Obgleich der Priester Paminas Entführung durch Sarastro zugibt, weckt er in Tamino Zweifel über die redlichen Absichten von Paminas Mutter. Dem durch ein Schweigegelübde gebundenen Priester ist es zwar nicht erlaubt, Tamino Klarheit über Sarastros Pläne zu verschaffen, doch weist er Tamino die Richtung, wie er zu deren vollem Verständnis gelangen könne: indem sich Tamino freundschaftlich der Priesterschaft anschließen möge. Nach diesem Angebot zieht sich der Priester wieder zurück, doch die Stimmen aus dem Inneren der Tempel bestätigen dem darüber zweifelnden Tamino, dass Pamina noch am Leben sei. Aus Freude über diese Nachricht spielt Tamino ein erstes Mal auf der Zauberflöte. Ihr Ton lockt zwar nicht Pamina, dafür aber wilde Tiere herbei, die unter ihrem Klang zahm werden. Offenbar hat auch Papageno die Flöte gehört, denn dessen Pfeifchen antwortet alsbald. Und so macht sich Tamino auf, um Papageno ausfindig zu machen. ▪ Indessen sind Papageno und Pamina auf der Flucht. Sie versuchen mittels des Pfeifchens und Taminos Antwort auf der Flöte, diesen zu orten. Monostatos und seine Sklaven aber sind ihnen dicht auf den Fersen. Fast schon hat Monostatos die beiden Fliehenden erreicht, da besinnt sich Papageno auf das Kästchen mit den Glöckchen. Als er es öffnet, fangen die Glöckchen wie von Zauberhand an zu spielen und zwingen Monostatos und seine Schar tanzend und singend zum Rückzug. Halb belustigt, halb erstaunt preisen Pamina und Papageno die Zauberkraft des Glockenspiels. Indessen kündigt ein freudiger Tumult den von einer Jagd zurückkehrenden Sarastro an. An Flucht ist nicht mehr zu denken. Nachdem Sarastro aus einer von sechs Löwen gezogenen Kutsche gestiegen ist, bekennt Pamina, aus Abscheu vor dem zudringlichen Monostatos die Flucht gewagt zu haben. Offenbar hat Sarastro – ohnehin bereits im Bilde über die jüngsten Vorkommnisse – eine Ahnung von Paminas Liebesempfänglichkeit für Tamino, sodass er von seinem eigenen auf Pamina gerichteten Begehren Abstand nimmt; allerdings schneidet er ihr barsch das Wort ab, als Pamina über ihre Sehnsucht nach der Mutter sprechen will. Die habe, so Sarastros Auskunft, das Lebensglück ihrer Tochter gewiss nicht im Auge, weshalb er Pamina weiterhin gefangen halten wolle. Da führt Monostatos Tamino herein. Tamino und Pamina fallen einander in spontaner Zuneigung und zum Befremden von Sarastros Untertanen um den Hals. Monostatos rühmt sich, Paminas Flucht vereitelt zu haben, bekommt aber von Sarastro anstatt des erhofften Lohnes Stockhiebe auf die Fußsohlen in Aussicht gestellt. Auf Geheiß Sarastros werden Tamino und Papageno Säcke über die Köpfe gestülpt. Man führt sie in den Prüfungstempel.

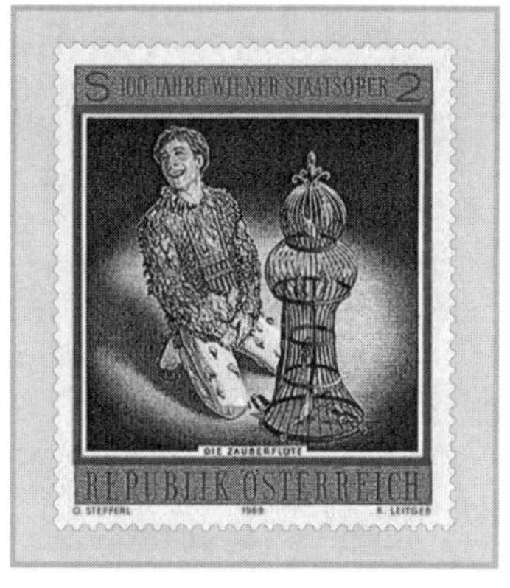

100 Jahre Wiener Staatsoper: In einer Briefmarkenserie von 1969 war auch Papageno unter den Gratulanten.

2. Akt In einem Wald, dessen silberne Palmen mit goldenen Wedeln bewachsen sind, kommen Sarastro und seine Priesterschaft zur Beratung zusammen. Sarastro erhält von den Priestern Zustimmung für sein Vorhaben, Tamino durch das dafür vorgesehene Prüfungsritual in den Kreis der Eingeweihten aufzunehmen und gemäß göttlicher Vorsehung mit Pamina zu verheiraten. Damit soll der Königin der Nacht die entscheidende Niederlage bereitet werden. Auch Papageno soll den Prüfungen unterzogen werden. Und da die Prüflinge während der Probezeit in lebensbedrohliche Situationen geraten können, beten Sarastro und die Priester um den Beistand der Götter. ▪ Tamino und Papageno werden vom Sprecher und einem anderen Priester in den Vorhof des Prüfungstempels geführt. Es ist Nacht. Die Säcke werden ihnen vom Kopf genommen, und Donnerschläge erschrecken Papageno. Sprecher und Priester fordern von den beiden die verbindliche Zustimmung zum Prüfungsritual. Anders als Tamino, der sich ohne Zögern damit einverstanden erklärt, kann Papageno lediglich dadurch zu einem Ja verlockt werden, dass ihm der Priester zur Belohnung eine Papagena als Gefährtin in Aussicht stellt. Tamino und Papageno wird als erste Probe ihrer Zuverlässigkeit ein Sprechverbot insbesondere gegenüber Frauen auferlegt. Kaum sind Priester und Sprecher davongegangen, werden die beiden auch schon in Versuchung geführt: Denn heimlich hat sich die Königin der Nacht in den Tempelbezirk geschlichen und die drei Damen zu Tamino und Papageno geschickt, um sie von dem Prüfungsabenteuer abzubringen. Doch Tamino und letztlich auch Papageno bleiben standhaft und verweigern den Damen das Gespräch, sodass diese schließlich, von den Priestern aufgespürt, unter Blitz und Donner im Erdboden verschwinden. Papageno fällt vor Schreck in Ohnmacht, kommt aber schnell wieder zu sich, als Sprecher und Priester Tamino und ihn, abermals in übergestülpten Säcken, wegführen. ▪ In einem vom Mond beschienenen Garten liegt die schlafende Pamina. Monostatos will die Gunst der Stunde nutzen und sich an dem Mädchen vergehen. Doch tritt die Königin aus einer Versenkung heraus, und Monostatos flüchtet in ein Versteck, um zu belauschen, was Mutter und Tochter miteinander zu bereden haben. Nichts weniger verlangt die Königin von Pamina, als Sarastro zu ermorden und ihr den Sonnenkreis auszuliefern. Pamina aber will sie verstoßen, sollte sie sich dem Ansinnen der Mutter verweigern. Die Königin drückt der bestürzten Pamina einen Dolch in die Hand und versinkt wieder in die Tiefe. Monostatos will nun Pamina mit seinem erlauschten Wissen um den Mordplan der Königin erpressen. Doch die wehrt seine Avancen selbst dann noch ab, als er sie mit dem Tode bedroht. Gerade noch rechtzeitig tritt Sarastro dazwischen und jagt Monostatos davon, der sich von jetzt an der Königin der Nacht andienen will. Pamina befürchtet, dass Sarastro an ihrer Mutter Rache nehmen wolle. Er aber versucht sie mit der Friedensbotschaft zu beruhigen, dass in seinem Reich die Feindesliebe oberstes Gebot sei. ▪ Sprecher und Priester haben Tamino und Papageno in eine Halle geführt. Von nun an ist über die beiden Prüflinge ein absolutes Sprechverbot verhängt. Papageno aber ist missmutig, und ihn dürstet. Da reicht ihm ein hässliches altes Weib einen Becher mit Wasser: Sie sei achtzehn Jahre und zwei Minuten alt, und ihr Liebster heiße Papageno. Bevor die Alte Papageno ihren Namen nennen kann, wird sie von Donnergetöse verjagt. Danach kommen die drei Knaben auf einem Fluggerät hereingeschwebt. Sie geben Tamino und Papageno die Zauberflöte und die Glöckchen zurück, die den beiden bei ihrer Gefangennahme abgenommen worden waren. Die Knaben haben für sie auch eine Mahlzeit mitgebracht und ermahnen beide zum Durchhalten, wobei sie Papageno drängen, das Sprechverbot endlich einzuhalten. Wieder allein, lässt es sich Papageno schmecken, während Tamino auf der Flöte bläst und damit Pamina herbeilockt. Das Schweigen Taminos und selbst Papagenos, der sich in seine Mahlzeit vertieft hat, ist ihr unbegreiflich, und so geht sie im Glauben, dass Tamino sich von ihr abgewendet habe, in Todesgedanken von dannen. Ein dreimaliges Signal ermahnt Tamino und Papageno, ihre Wanderschaft fortzusetzen. Papageno aber will lieber weiter schmausen. Und so scheuchen Sarastros Löwen den Säumigen auf, ziehen sich aber, vom Klang der Zauberflöte betört, wieder zurück. Schließlich reißt Tamino Papageno mit Gewalt fort. ▪ In einem Pyramidengewölbe haben sich Sarastro und seine Priester versammelt. Sie sind zuversichtlich, dass Tamino die Prüfung bestehen werde. Tamino und Papageno werden hereingeführt, später auch Pamina. Sarastro eröffnet ihr, dass nun die Stunde des letzten Lebewohls geschlagen habe. Die Liebenden nehmen voneinander Abschied. Pamina ist außer sich. Alle entfernen sich, nur Papageno bleibt verängstigt zurück, bis der Sprecher zu ihm tritt, um ihm sein Scheitern im Prüfungsverfahren mitzuteilen. Papageno ist das herzlich egal. Ohnehin hat es ihn nie danach verlangt, in den Kreis der Eingeweihten aufgenommen zu werden. Viel lieber wäre ihm ein Becher Wein, der prompt aus der Erde emporsteigt. Beschwingt vom Alkoholgenuss, bringt er das Glockenspiel zum Klingen und wünscht sich, dass sich sein Lebenstraum von einer geliebten Frau an seiner Seite erfüllen möge. Allerdings hat das Glockenspiel nur wieder das hässliche Weib herbeigelockt. Die Alte nötigt Papageno mit der Drohung, sonst für immer in dem Gewölbe eingesperrt zu bleiben, ein Eheversprechen ab. Doch nach dem Schwur verwandelt sich die alte Schachtel in eine entzückende junge Frau: Sie ist niemand anderes als Papagena. Sie wird aber vom Sprecher sofort verscheucht, weil Papageno ihrer noch nicht würdig sei. ▪ Die drei Knaben schweben in einen Garten herab. Ihre Hoffnung darauf, dass der anbrechende Morgen dank Taminos Standhaftigkeit eine Zeitenwende zu allgemeinem Frieden herbeiführen möge, weicht der Sorge um Pamina, die sich aus Kummer über die erlittenen Enttäuschungen das Leben nehmen will. Im letzten Moment greifen die drei Knaben ein. Sie klären Pamina darüber auf, dass Tamino ihr nach wie vor in Liebe zugetan sei, und geleiten sie zu ihm. ▪ Vor zwei Bergen – der eine mit einem Feuer, der andere mit einem Wasserfall im Innern – stehen zwei Männer im Harnisch und lesen Tamino die Hieroglyphen vor, die auf einer zwischen den Bergen erhöht gelagerten Pyramide geschrieben stehen. Tamino ist im Begriff, sich der von der Inschrift geforderten Feuer- und Wasserprobe zu unterziehen, doch da ist Paminas Stimme zu vernehmen. Nun gilt das Schweigegebot nicht mehr, und Pamina und Tamino beschreiten gemeinsam unter dem schützenden Klang der Zauberflöte den gefährlichen Pfad durch das Feuer des einen und durch den Wassersturz des anderen Berges. Danach dringt aus einer sich öffnenden Tür helles Licht, und das Paar wird von einer Schar von Männern und Frauen freudig ins Tempelinnere zu den Eingeweihten der Göttin Isis gerufen. ▪ Indessen wechselt die Szene zurück in den Garten: Aus Gram über den Verlust Papagenas will sich Papageno erhängen. Wieder verhindern die drei Knaben, dass es zum Äußersten kommt. Sie raten Papageno, das Glockenspiel anzuschlagen, und siehe da: Papagena eilt herbei, um sich endlich mit Papageno zu vereinen. Beide können ihr Glück kaum fassen und planen ihr künftiges Familienleben inmitten einer Schar von Kindern. ▪ Unterdessen tut sich die Erde auf, und Monostatos, die drei Damen und die Königin der Nacht treten zusammen. Sie haben einen Anschlag auf den Tempel geplant, und Monostatos' Lohn für seine Mittäterschaft soll die Ehe mit Pamina sein. Doch Donner, Blitz und Sturm setzen dem Komplott ein schnelles Ende. Unter Wehgeschrei stürzt die Verschwörerschar in die Tiefe, während Sarastro den Sieg des Tags über die Nacht verkündet. Im Glanz der Sonne werden Pamina und Tamino im Kreis der Eingeweihten umjubelt.

Das Handlungsschema

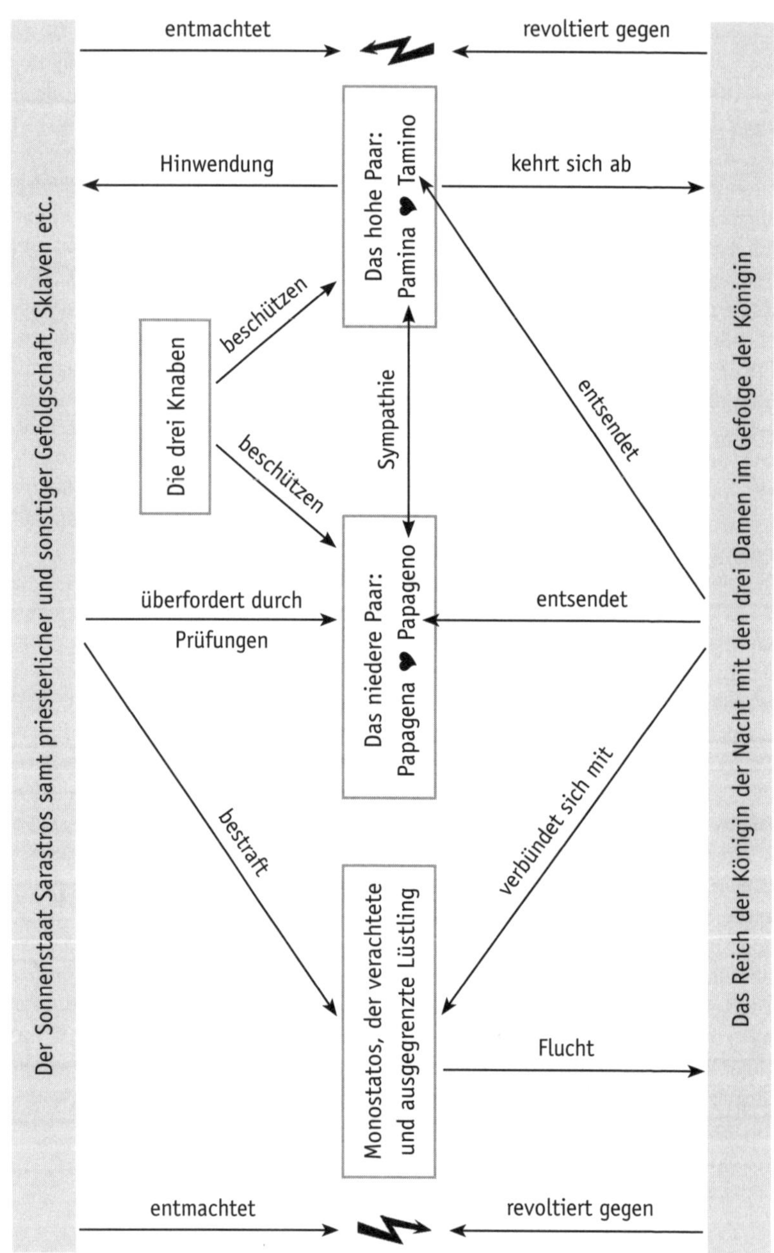

Die dramaturgische und die musikalische Gestaltung

Werkübergreifende Strategien in Text und Musik

22 solistische Gesangs- und Sprechpartien; im 1. Akt 19, im 2. Akt 30 ausgewiesene Auftritte, insgesamt 14 Bühnenbilder, 21 musikalische Nummern und eine Ouvertüre: Die *Zauberflöte* ist, das zeigen bereits die statistischen Werkdaten, ein recht uneinheitliches Kunstwerk. Überdies lässt der Librettist als ein zweiter Shakespeare das Geschehen in mehreren ineinander verwobenen Strängen ablaufen, wobei aufeinander folgende Szenen mitunter simultan gedacht werden müssen. Ist diese Oper also ein Flickenteppich? Auf den ersten Blick mag das so scheinen, insbesondere wenn sich der Fokus auf die Musik richtet. Denn Mozart greift hier, wie wir alsbald sehen werden, verschiedenste musikalische Genres auf, um den Protagonisten eine unverwechselbare musikalische Physiognomie und dem Geschehen Plastizität zu verleihen. Der pathetische Ton der Opera seria steht hier neben dem volksliedhaften und dem geistlichem Lied, gelehrte Kontrapunktik neben empfindsamer Innerlichkeit, der Hymnus neben musikalischem Slapstick, Humor und Ernst treffen unvermittelt aufeinander. Eine Wertigkeit der musikalischen Stile existiert in Mozarts Komposition nicht, sie ist nämlich – und das ist wohl ihr modernster Aspekt – pluralistisch. Haben wir es also mit einer Nummernrevue zu tun, die zwar Hit auf Hit folgen lässt, jedoch ohne inneren Zusammenhang ist?

Dieser Gefahr haben Librettist und Komponist entgegengearbeitet. So hat Schikaneder dem Geschehen den zeitlichen Rahmen eines einzigen Tags gegeben: Im 1. Akt werden Tamino und Papageno vormittags auf die Reise in Sarastros Land geschickt, das man sich dem Reich der Königin der Nacht unmittelbar benachbart und damit schnell erreichbar denken muss. Im Finale des Akts begegnen sich nach Sarastros mittäglicher Rück-

Die Nummernfolge

Ouvertüre: Es-Dur

1. Akt

Nr. 1 Introduktion: Tamino, Drei Damen »Zu Hilfe! zu Hilfe! sonst bin ich verloren«, c-Moll / Es-Dur / As-Dur / G-Dur / C-Dur

Nr. 2 Arie: Papageno »Der Vogelfänger bin ich ja«, G-Dur

Nr. 3 Arie: Tamino »Dies Bildnis ist bezaubernd schön«, Es-Dur

Nr. 4 Rezitativ und Arie: Königin der Nacht »O zittre nicht, mein lieber Sohn« / »Zum Leiden bin ich auserkoren«, B-Dur / g-Moll / B-Dur

Nr. 5 Quintett: Papageno, Tamino, Drei Damen »Hm! hm! hm!«, B-Dur

Nr. 6 Terzett: Monostatos, Pamina, Papageno »Du feines Täubchen nur herein«, G-Dur

Nr. 7 Duett: Pamina, Papageno »Bei Männern, welche Liebe fühlen«, Es-Dur

Nr. 8 Finale: Drei Knaben, Tamino, Eine Stimme, Erster Priester, Pamina, Papageno, Monostatos, Sarastro, Chor »Zum Ziele führt dich diese Bahn«, C-Dur

2. Akt

Nr. 9 Marsch: F-Dur

Nr. 10 Arie mit Chor: Sarastro, Männerchor »O Isis und Osiris«, F-Dur

Nr. 11 Duett: Zweiter Priester, Sprecher »Bewahret euch vor Weibertücken«, C-Dur

Nr. 12 Quintett: Drei Damen, Papageno, Tamino, Chor »Wie? wie? wie? ihr an diesem Schreckensort?«, G-Dur / g-Moll

Nr. 13 Arie: Monostatos »Alles fühlt der Liebe Freuden«, C-Dur

Nr. 14 Arie: Königin der Nacht »Der Hölle Rache kocht in meinem Herzen«, d-Moll

Nr. 15 Arie: Sarastro »In diesen heil'gen Hallen«, E-Dur

Nr. 16 Terzett: Drei Knaben »Seid uns zum zweiten Mal willkommen«, A-Dur

Nr. 17 Arie: Pamina »Ach ich fühl's, es ist verschwunden«, g-Moll

Nr. 18 Chor der Priester: »O Isis, und Osiris, welche Wonne!«, D-Dur

Nr. 19 Terzett: Pamina, Sarastro, Tamino »Soll ich dich Teurer nicht mehr sehn?«, B-Dur

Nr. 20 Arie: Papageno »Ein Mädchen oder Weibchen wünscht Papageno sich«, F-Dur

Nr. 21 Finale: Drei Knaben, Pamina, Zwei Geharnischte, Tamino, Papageno, Papagena, Monostatos, Königin der Nacht, Drei Damen, Sarastro, Chor »Bald prangt, den Morgen zu verkünden«, Es-Dur kehr von der Jagd Tamino und Pamina zum ersten Mal. Die Prüfungen des 2. Akts finden in der Nacht statt. Und mit dem Sonnenaufgang zum Schluss der Oper bricht ein neuer Tag an, der freilich im Sinne eines Epochenwechsels apotheotisch überhöht wird: Immer wieder ist in der Oper vom Anbruch einer neuen Zeit die Rede, für die Taminos erfolgreiches Bestehen der Prüfungen die Voraussetzung sei. Und so ist diese Erwartungshaltung an das hoffnungsfrohe Wörtchen »bald«, die Leitvokabel des ganzen Werks, geknüpft. Diesem »bald« ist während der gesamten Oper eine geradezu spirituelle Aura eigen, weil in ihm ein die reale Handlung transzendierendes utopisches Moment anklingt. Darüber hinaus gehört die Licht-Metapher in der Mozart-Zeit zum Grundbestand aufklärerischer Begrifflichkeit, wonach das Licht der Vernunft über die Finsternis des Aberglaubens siegen werde.

Bei der Ruhrtriennale 2003 konnte Tamino (Matthias Klink) über die Artistik der drei Knaben nur noch staunen. Die wurden nach einer Konzeption von La Fura dels Baus von Tänzern gedoubelt, die wie Insekten in der Luft zappelten.

Ein werkübergreifendes Strukturelement kommt insbesondere in der Dreizahl zum Tragen. Der Einfluss der Freimaurerei mit ihrem Hang zu trinärer Symbolik – etwa die dreistufigen Zugehörigkeitsgrade und Einweihungsriten, die Dreizahl der Insignien (Winkelwaage, Winkelmaß

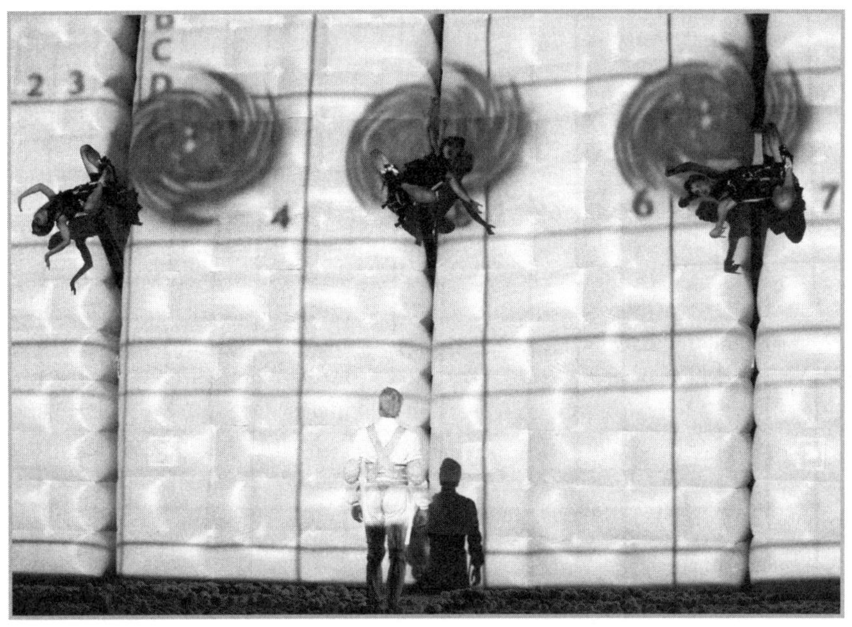

und Senkblei) usw. – ist hier mit Händen zu greifen. Drei Damen stehen der Königin der Nacht zu Diensten, und die drei Knaben und die Königin der Nacht treten jeweils dreimal in Erscheinung. Hinzu kommt der Auftritt der drei Sklaven. Drei Prüfungsstadien hat Tamino zu absolvieren. Drei Tempel schmücken im 1. Akt Sarastros Hain, und im Palmenwald zu Beginn des 2. Akts nehmen die Priester auf drei mal sechs Sitzen Platz. Dreimal trifft Papageno auf Papagena, der Lobpreis des Schlusses rühmt den Dreibund von Schönheit, Stärke und Weisheit usw. Ebenso wirkt die Zahl Drei in die Musik hinein: Mit Panflöte, Zauberflöte und Glockenspiel treten drei Instrumente auf offener Bühne in Aktion. Das Bläsersignal (Beispiel 4) erklingt zu Beginn des 2. Akts während der Zusammenkunft der Priester dreimal, und später ruft es die Probanden dreimal zur dritten Prüfung. Außerdem besteht das Signal aus einer im Dreischritt aufsteigenden Akkordsäule, deren Einzelakkorde jeweils dreifach angeblasen werden.

Indem das Priestersignal mehrmals wiederkehrt, schafft es für den Hörer Erinnerungsmomente, die ebenso für musikalischen Zusammenhalt sorgen wie Papagenos vielfach zu hörender Pfiff auf seinem Flötchen. Noch subtiler sind, wie wir sehen werden, die Zusammenhänge zwischen Ouvertüre und Oper gestaltet, und ebenso tiefgründig durchwirkt Taminos Bildnis-Arie (Nr. 3) das Werk. Überdies steht sie in der Grund- und Zieltonart der Oper, in Es-Dur, das mit drei b-Vorzeichnungen die trinäre Symbolik des Stücks auch in tonartlicher Hinsicht widerspiegelt. Heutige Ohren mögen über die tonartliche Ordnung eines Stücks vielleicht hinweghören. Für Mozart aber war sie ein wichtiges Kriterium für eine in sich stimmige kompositorische Konzeption. So hebt er durch Es-Dur im Sinne eines tonartlichen Ausrufezeichens jene Nummern hervor, denen im Werkzusammenhang eine besondere Bedeutung zukommt. Der Paralleltonart c-Moll wiederum ist die Atmosphäre der Angst (Introduktion des 1. Akts) und der Düsternis (zu Beginn der Geharnischten-Szene und beim Sturz der Königin der Nacht) zugeordnet. Was deren Dur-Variante anbelangt, hat sich Mozart weniger festgelegt. So ist C-Dur im 1. Finale die Tonart der Helle und im 2. Finale die Tonart der Feuer- und Wasserprobe. Aber auch Monostatos' Arie Nr. 13 steht in C-Dur. Im Zusammenhang mit den beiden anschließenden Arien in d-Moll (Königin der Nacht) und E-Dur (Sarastros Hallen-Arie) wird Pamina als Adressatin dieser Arienfolge bereits durch die Tonarten – weil sie weit auseinanderliegen – in ein Wechselbad der Gefühle gestürzt. Dagegen ist g-Moll über die gesamte Oper hinweg als Trauertonart präsent, nicht nur in Paminas Arie Nr. 17 im 2. Akt. Auf die Tonarten mit wenigen Vorzeichen ist wiederum der

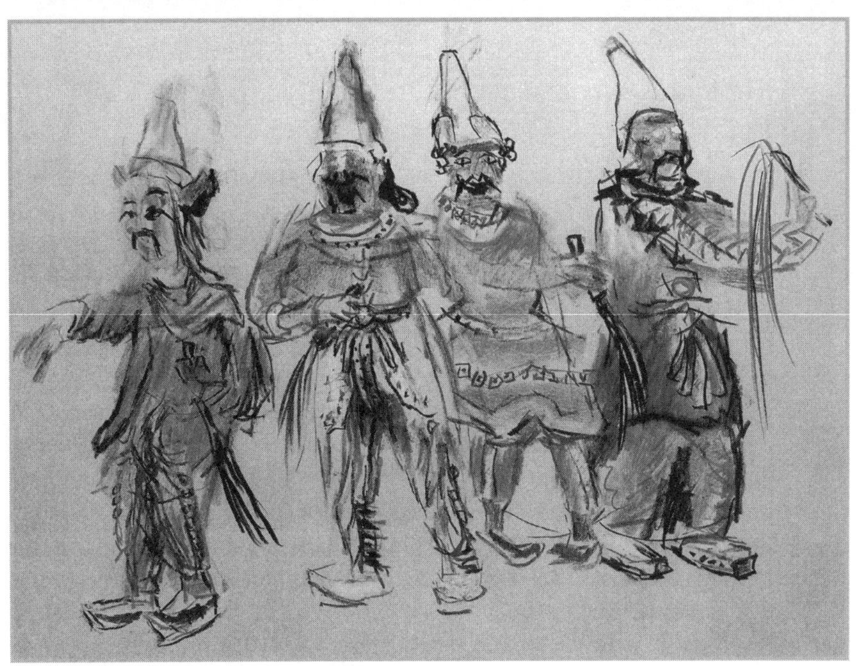

Naturbursche Papageno abonniert. Insbesondere entwickelt er eine Vorliebe für G-Dur, was sich daraus erklärt, dass sein Pfeifchen nur die Töne *g–a–h–c–d* zur Verfügung hat.

Der Einsatz von Panflöte, Zauberflöte und Glockenspiel, ebenso die Priester-Akkorde lassen erkennen, dass Mozart für das Stück außerdem eine Klangfarbendramaturgie ersonnen hat. In ihr kommen gemäß der Konvention Pauken und Trompeten als Instrumente des Triumphs oder der Herrschaft zum Einsatz, während Mozart für die drei Knaben eine Musik ohne die lastende Erdenschwere der Bassinstrumente geschrieben hat. Der gedämpfte Bläsersatz, der von den mild tönenden Bassetthörnern und dem aus der Kirchenmusik stammenden Posaunentrio seine feierliche und sakrale Tönung erhält, kennzeichnet wiederum die Musik der Eingeweihten. Weitere Charakteristika des sakralen Bereichs sind getragene Tempi, ein ruhig dahinfließendes, liedhaftes Melos und der recht häufige Einsatz der VI. Stufe, deren Moll-Eintrübung die Harmonik immer wieder verschattet.

Der Auftritt der drei Sklaven wird oft gestrichen. Oskar Kokoschka hat sie in seinen Entwürfen von 1964 für Genf berücksichtigt. Dort werden sie offenbar von Monostatos angeführt.

Nichts ist, wie es scheint: Die Ouvertüre – eine Musik der Verwandlung

Jeder kennt das Märchen vom Schlaraffenland, wo man sich erst durch eine berghohe Mauer von Reisbrei hindurchfressen muss, um hineinzugelangen. Ähnliches gilt für die Ouvertüre zur *Zauberflöte*. Wie eine hoch aufragende, grandiose Klanghürde steht sie vor der Oper. Denn sie ist – das sei jetzt schon verraten – das komplizierteste Musikstück der gesamten Partitur. Wer diese anspruchsvolle Bergtour bewältigen will, muss sich also auf einige halsbrecherische Passagen einlassen, die sich nicht ohne den Wortschatz der musikalischen Fachsprache angemessen beschreiben lassen. Deshalb vorab ein Hinweis: Bei Worterklärungsbedarf einfach nach hinten ins Glossar blättern. Vor allem aber: Lassen Sie sich nicht wegen ein paar Hörklippen von der musikalischen Abenteuerfahrt dieser Ouvertüre abschrecken, denn hier geschehen in sechs bis sieben Minuten Musik so viele aufregende Dinge wie sonst in einer Woche Entdeckungsreise nicht.

Doch worin bekundet sich in dieser Ouvertüre musikalische Kompliziertheit? Zum einen im Formverlauf, zum anderen in der Faktur der Komposition und im Anspielungsreichtum der Musik. Zunächst zum Formverlauf: Schon beim ersten Hören teilt sich die Grobgliederung der Ouvertüre mit. Auf eine langsame Einleitung (Adagio) folgt ein Allegro, und nach einem Adagio-Einschub hebt abermals das Allegro an. Und das soll kompliziert sein? Natürlich nicht. Etliche Sinfonien dieser Zeit beginnen mit einer langsamen Einleitung, bevor der Sonatensatz in geschwindem Tempo einsetzt. Und in barocker Vorzeit folgte in der altehrwürdigen Französischen Ouvertüre auf eine gravitätische Einleitung eine flinke Fuge.

Wie so oft steckt also der Teufel im Detail. Nehmen wir also die Einleitung genauer ins Visier. Was sie vorantreibt, ist eine aus der Harmonik sich ergebende Fragestellung: Wie findet das Klanggeschehen trotz aller Umwege zurück nach Es-Dur, der Ausgangs-, Grund- und Zieltonart nicht nur der Ouvertüre, sondern der Oper insgesamt? Ausgangspunkt ist hierbei eine wuchtige Geste wie ein Klangportal, gebildet aus drei Akkordsäulen. Den Akkorden Nummer 2 und 3 sind Auftakte vorangestellt, und Generalpausen von unbestimmter Dauer folgen jedem dieser Akkorde. Sicherlich sind sie Nachfahren jener Aufmerksamkeit heischenden drei Schläge, mit denen seit alters her der Beginn von Theateraufführungen akustisch angezeigt wurde. Darüber hinaus manifestiert sich in den Akkorden jene für die ganze Oper so bedeutsame symbolische Dreizahl, auf die wir ja bereits zu sprechen gekommen sind. Das ist aber noch nicht alles. Die Diskanttöne der Akkorde – es^2, g^2, b^2 – würden übereinandergeschichtet den Es-Dur-Akkord bilden. Die Grundtonart ist also in den Spitzentönen der Akkorde präsent. Schauen wir indes auf die Fundamentnoten im Bass, werden unsere drei Akkorde rätselhaft: Der erste Akkord mit einem *Es* im Bass vermittelt zwar erwartungsgemäß tonartliche Solidität, Akkord Nummer 2 aber weicht mit dem Bass-*c* auf die VI. Stufe c-Moll aus, und Nummer 3 kehrt zwar wieder nach Es-Dur zurück, hat aber die unstabile Terz *G* im Bass, sodass dieser Akkord keine Tonika-Bodenhaftung mehr hat.

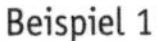
Beispiel 1

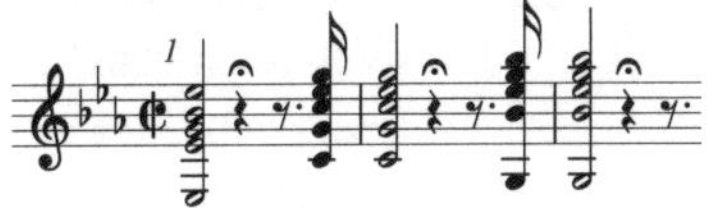

Im weiteren Verlauf der Oper werden wir nun beobachten können, dass Mozart in den sakralen Nummern die VI. Stufe immer wieder ins Spiel bringen wird. Darüber hinaus tönt aus dem bläserlastigen Sound der Akkorde eine weihevolle Aura, insbesondere durch den Einsatz der aus der Kirchenmusik stammenden Posaunen. Das ist Musik wie aus der Zeit gefallen und aus einer anderen Welt, zumal sie aufgrund der Pausen-Fermaten kein messbares Tempo hat.

Als wollten die Geigen auf dieses Klangrätsel eine Antwort suchen, bringen sie mit einer auftaktigen Schleiferfigur wie aus dem Nichts das Klanggeschehen in Gang – und zwar mit einer Dissonanz, weil die Geigen auf dem Ton f^1 (T. 4) landen, der sich mit der Bassbewegung As_1–*C*–*Es*–*C*–As_1 reibt. Die Diskanttöne der drei Portal-Akkorde sind also in die Bässe hinabgerutscht und zwar auf die IV. Stufe, also auf die Subdominante. Dort in den Bässen tönen noch in den doppelt punktierten Vierteln mit angehängten Sechzehnteln die Auftakte der Portal-Akkorde nach, während die mittleren Streicher den Rhythmus synkopisch markieren und die Bläser zunächst alle zwei Takte volltaktig einsetzen. Das Tempo ist damit etabliert. Eine Klangachse wird wiederum von den zweiten Geigen festgelegt, indem sie durchweg auf dem Ton es^1 beharren. Der liegt oft genug quer zu dem farbigen harmonischen Geschehen, das rhythmisch insbesondere von der aus den Portal-Akkorden stammenden jambischen Wendung ♩ | ♩ 𝄾· 𝅘𝅥𝅯 ♩ 𝄾· 𝅘𝅥𝅯 | 𝅗𝅥 geprägt ist, während vor allem in den Posaunen noch die Eingangsakkorde nachhallen.

Erst wenn dieses Achsen-es^1 zum d^1 (T. 13) sinkt, führt ein Pfad aus dem harmonischen Dschungel heraus. Denn nun ist eine richtungsweisende neue harmonische Situation erreicht. Wir sind nun nämlich zur Dominante B-Dur vorgedrungen, die uns die Wiederkehr der Grundtonart Es-Dur erwarten lässt. Mittels einer archaisch anmutenden Klausel (T. 14 f.), in der die beiden Oboen den Zielton es^2 durch die benachbarten Sekundtöne f^2 und d^2 umfassen, wird der Wiedereintritt der Es-Dur-Tonika in Takt 16 vorbereitet und damit der Beginn des Allegro-Teils.

Hatten wir es bislang mit einer für die Klassik typischen Kompositionsart in Schichten und Instrumentengruppen zu tun, so wechselt die Faktur nun hin zu einer in Stimmen. Denn eine Fuge hebt an, in der das Thema regelgemäß exponiert wird: Alteinsatz in den Zweiten Geigen auf es^1 (T. 16), Sopraneinsatz in den Ersten Geigen auf b^1 (T. 20), Tenoreinsatz in den Celli, Bratschen und Fagotten auf *es* (T. 27) und schließlich Basseinsatz nun inklusive der Kontrabässe auf *B* (T. 33), während sich die Bratschen verselbstständigt haben. Ein Operngänger mit Konzerterfahrung wird spontan an das in barocker Instrumentalmusik beliebte Zweierbündnis von Präludium und Fuge denken. Schauen wir uns das Fugenthema nun genauer an.

Beispiel 2

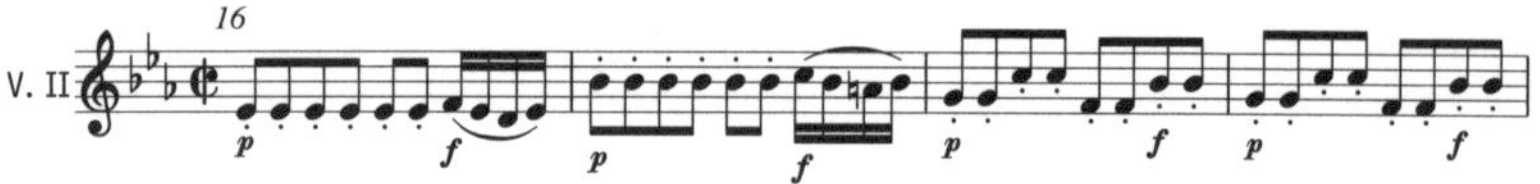

Mit seinen Tonwiederholungen und dem angehängten Sechzehntelschnörkel, mit seinen notorischen Forte-Betonungen auf der üblicherweise schwachen vierten Taktzeit bietet es eine seltsame Mischung aus altertümlicher Physiognomie und buffonesker Schalkhaftigkeit. Mozart soll den Beginn des Themas in Muzio Clementis B-Dur-Klaviersonate op. 24 Nr. 2 von 1788/89 vorgefunden haben. Die Behandlung des Themas ist bei Clementi aber ganz anders und alles andere als fugiert. Mozart hingegen gibt seinem Thema alsbald folgenden Kontrapunkt bei.

Beispiel 3

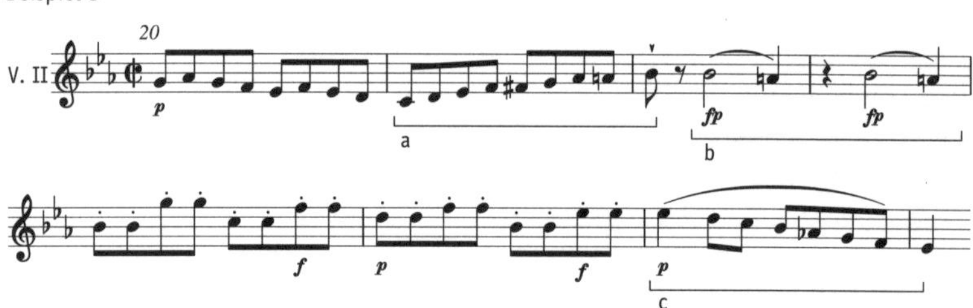

Steckbrief: Tamino

Ahnungslos und deshalb wissbegierig, so erleben wir den »javonischen«, also japanischen, Prinzen Tamino, den es zu Beginn der Oper bei der Jagd in das Reich der Königin der Nacht verschlagen hat. Und wie ein trockener Schwamm saugt Tamino auf, was er an Informationen geboten bekommt. Doch bald fällt ihm auf, dass die Königin der Nacht ihn manipuliert hat, indem sie ihn gegen ihren Widersacher Sarastro voreingenommen gemacht hat. Die logische Folge daraus: Er wendet sich von der Königin ab und Sarastro und seinen Priestern zu. Wie ein Musterschüler unterwirft er sich ihrem Prüfungsritual, um einer von ihnen zu werden.

Sagen wir es also frei heraus: Wir würden Tamino für einen grundunsympathischen Strebertypen halten, wären da nicht drei Eigenschaften, mit denen er uns für sich einnimmt. Da ist zunächst eine Äußerlichkeit: seine Schönheit, die nicht zuletzt den im Dienste der Königin stehenden Damen sofort in die Augen sticht. Außerdem ist seinem Streben nach Weisheit, für das er sogar Todesgefahren auf sich zu nehmen bereit ist, ein heroischer Zug eigen.

Aber dieser unbedingte Erkenntnisdrang ist kein Selbstzweck. Denn mehr noch als Schönheit und Mut zeichnet Tamino seine Liebesfähigkeit aus. Sie erst ist der Schlüssel zu seinem Charakter. Und Mozart benötigt nur eine einzige Phrase, damit wir nicht ohne Rührung erkennen, wie es um Taminos Innenleben bestellt ist. Gemeint ist jener hingebungsvolle Sext-Seufzer, der sich ihm entringt, als er auf Paminas Porträt blickt und ausruft: »Dies Bildnis ist bezaubernd schön.«

Hier, in der berühmten Bildnis-Arie stoßen wir ins Zentrum von Taminos Persönlichkeit vor, denn hier lässt uns Mozart miterleben, wie diesen empfindsamen jungen Mann das Erwachen der Liebe erstaunt und überwältigt; und wenn er alsbald in Sarastros Reich sich selbst zurufen wird: »Paminen retten ist mir Pflicht«, so wissen wir, dass er diesem Vorhaben alles andere untergeordnet hat. Nur weil er anders Pamina nicht gewinnen kann, lässt er sich überhaupt auf das Prüfungsritual ein, und nur deshalb hält er sich schweren Herzens sogar an das priesterlich verfügte Schweigegebot, als sein Verstummen die Geliebte schier zu Tode betrübt.

Seine letzte Prüfung aber absolviert Tamino glänzend, als er zur Feuer- und Wasserprobe antreten soll. Da gesteht er Pamina seine Todesangst ein: »Hier sind die Schreckenspforten, die Not und Tod mir dräun«, und überlässt sich ihrem klugen Rat. Und aufgrund solch vertrauensvoller Hingabe an die Geliebte ist plötzlich alles auf wunderschöne Weise vertauscht: Diejenige, die er ursprünglich hat retten wollen, ist nun seine Retterin.

Steckbrief: Pamina

Entführt von einem Herrscher, der vergeblich auf ihre Gegenliebe hofft, notorisch verfolgt von einem unzüchtigen Bewacher, verflucht von ihrer königlichen Mutter, die von ihr nichts weniger verlangt als einen Mord, sich verlassen wähnend von dem Mann ihrer Liebe, ist sie schließlich dem Selbstmord nahe. Pamina dürfte eines der unglücklichsten Schicksale der gesamten Opernliteratur aufgebürdet bekommen haben. Mithin eine traumatisierte, kaputte Person und wie geschaffen fürs Musiktheater mit seinem Faible für psychotische Figuren? Nichts davon bei Mozart.

Zwar leidet Pamina unter all den Zumutungen, die ihr von Sarastro, von Monostatos, der Königin der Nacht und nicht zuletzt von Tamino bereitet werden. Dennoch wirkt in dieser sanftmütigen jungen Frau eine beharrliche Kraft, die sie davor bewahrt, aggressiv oder gar bösartig zu werden. Um welche wundersame Kraft es sich hierbei wohl handelt? Um Duldsamkeit? Ganz sicher nicht. Denn eine Dulderin würde sich ihrem Gefangenenschicksal ergeben, und nicht dauernd versuchen zu entkommen. Eine Dulderin würde auch nicht Sarastro die Stirn bieten und diesen unmissverständlich mit der »Wahrheit« konfrontieren, dass er sie nämlich unter ganz unzumutbaren Bedingungen in seinem Reich gefangen hält.

Und selbst, als sie sich durch Taminos für sie unbegreifliches Schweigen in die absolute Vereinsamung gestoßen glaubt, ist von duldsamer Ohnmacht nichts zu spüren. Lieber sterben, als so weiterzuleben: So lautet Paminas traurige Konsequenz. Pamina trachtet damit weiterhin nach Selbstbestimmung – selbst in dieser schlimmsten Krise ihres jungen Lebens. Sie, die so gerne bereit ist, Liebe zu geben, sie, die trotz ihres königlichen Standes selbst einen Untergebenen wie Papageno von Gleich zu Gleich behandelt, will nicht ungeliebt verkümmern. Denn die Liebe ist jene wundersame Kraft, die Pamina beseelt und zu Güte und Herzlichkeit befähigt. Und damit die Liebe in der Welt bleibt, entwinden die drei Knaben Pamina im letzten Augenblick den Dolch.

Wer wie Pamina dem Tod ins Auge geblickt hat, wächst über sich selbst hinaus, und so kann sie wagen, was noch keine Frau zuvor unternommen hat: Sie geht dem Geliebten voran, als er auf Geheiß Sarastros und seiner Priester Feuer und Wasser zu überwinden hat, während Tamino auf ihren Rat hin die Zauberflöte spielt, um sie beide zu schützen. Damit hat Pamina nicht nur dem gefährlichen Ritual seine Bedrohlichkeit genommen. Darüber hinaus kann nun, da Pamina sich eingeschaltet hat, das männerbündische Herrschaftssystem Sarastros nicht mehr die Frauen außen vor lassen. Fazit: Hätte Mozart seine Oper nach einer Titelfigur benannt, wäre dafür nur die tapfere Pamina infrage gekommen.

Wir sehen im zweiten Takt des Beispiels in der Achtelbewegung chromatisch aufsteigende Einfärbungen (3a), dann einen synkopischen Sekundfall *b¹–a¹* in langen Notenwerten (3b), der in den anschließenden drei Überleitungstakten auch die Oberstimme in den Ersten Geigen prägt. Eine fallende Es-Dur-Skala (3c) wiederum bereitet den Tenoreinsatz des Fugenthemas vor. Bislang also sind wir darüber erstaunt, dass ein Thema mit scherzhaftem Anklang dermaßen kunstsinnig ins Werk gesetzt wird. Wenn es aber alsbald in Takt 39 im Forte und in kontrapunktischer Verknüpfung mit dem Skalenmotiv (3c) triumphal erklingt, begreifen wir, dass die Fuge von Anfang an auf diesen grandiosen Augenblick zusteuerte.

An dieser Stelle sei kurz der Gang durch die Ouvertüre unterbrochen und auf eine andere kontrapunktisch gearbeitete Passage der *Zauberflöte* vorausgewiesen: auf den Gesang der Geharnischten im 2. Akt. Auch dort im 2. Finale setzt Mozart in den Streichern ein polyphones Stimmenwerk in Gang, wo überdies ein synkopischer Sekundfall *c¹–h* in langen Notenwerten als erstes kontrapunktisches Element ins Ohr fällt. Es ist offensichtlich, dass zwischen hier und dort ein Beziehungszauber waltet.

Doch zurück zu unserer Ouvertürentour: Ihre nächste Phase führt über Taktgruppen mit synkopischer Stauwirkung hinweg, hin zu einem Halbschluss in F-Dur. Das Fugenthema erklingt nun nicht mehr vollständig. Allerdings sind Teilstücke seiner Motivik präsent, wie auch das Sekundfall-Motiv (Beispiel 3b) aus der Kontrapunktstimme. Bereits hier wird deutlich, dass Mozarts Fuge inzwischen auf einen den Traditionspfad verlassenden Abweg geraten ist. Und um es vorwegzunehmen: Mozart hat uns bislang nur eine Fuge vorgegaukelt. Tatsächlich hatten wir es seit Beginn des Allegros mit dem ersten Thema eines Sonatensatzes zu tun. Wir können also getrost unsere Spekulationen über den Barock-Zweiteiler Präludium und Fuge über den Haufen werfen und beobachten nun, wie sich Mozart am Sonatensatzverlauf orientiert: Und so sehen wir, wie ab Takt 59 die Flöte dem Kopf des Fugenthemas in den Streichern (T. 57 f.) mit einer aufsteigenden chromatischen Linie antwortet. Hieraus entspinnt sich alsbald in B-Dur ein heiteres und anmutiges Dialogisieren zwischen Flöte und Oboe, während in den Nebenstimmen der Kopf des Fugenthemas (Beispiel 2) hämmert. Wir sind inzwischen nämlich zur zweiten Themengruppe des Sonatensatzes vorgedrungen, die in klassischer Faktur gearbeitet ist, indem Hauptstimmen über einer Nebenstimmenschicht interagieren. Kraftvolle Akzente scheinen nun eine vollständige B-Dur-Kadenz herbeizuführen, doch Mozart kehrt noch einmal zum anmutigen Dialogspiel zwischen Oboe und Flöte mitsamt den energisch akzentuierten Kadenztakten zurück. Dann erst hebt mit dem Eintritt von

B-Dur in Takt 84 die Schlussgruppe der Exposition an: in einem hinreißenden, hell aufglühenden Crescendo, das die neue Grundtonart B-Dur vollends etabliert.

Und wieder hat Mozart für uns eine Überraschung parat. Es erklingen in den Bläsern folgende Akkorde:

Beispiel 4

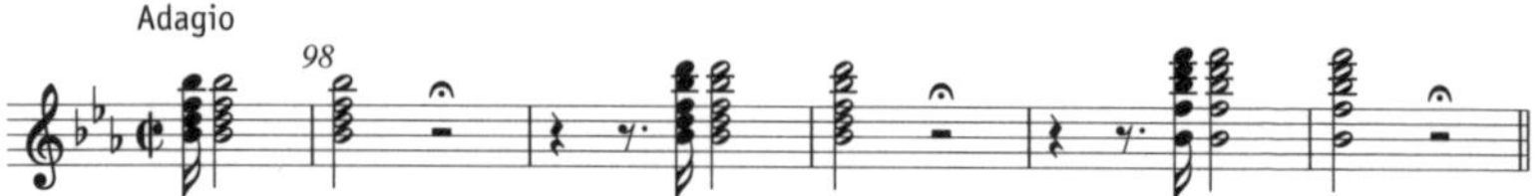

Sind das nicht die Einleitungsakkorde, nur nach B-Dur versetzt? Nicht ganz. Vor allem fehlen die Moll-Eintrübung des zweiten Akkords und die Terz im Bass des dritten, und der Rhythmus 𝅘𝅥𝅯 | 𝅗𝅥 ist durch 𝅘𝅥𝅯 𝅗𝅥 | 𝅗𝅥 ersetzt. Die Diskant-Linie der Akkorde b^2–d^3–f^3 aber kennen wir aus der Parallelstelle ganz zu Beginn, und ebenso die Pausen-Fermaten. Was das Uraufführungspublikum noch nicht wissen konnte, sei schon jetzt verraten: Hier erklingt jenes feierliche Signal, mit dem die Priester Tamino und Papageno zu den Prüfungen rufen werden. Es handelt sich also um ein Vorab-Zitat. Und da ja bekannt ist, dass die Ouvertüre das letzte *Zauberflöten*-Stück war, das Mozart in Noten gesetzt hat, können wir uns bereits jetzt Gedanken darüber machen, in welchem Verhältnis die Ouvertüre zur Oper steht. Es handelt sich offenbar um einen Kommentar zum Stück, der, wie der dreifache Akkord signalisiert, gleichfalls die Idee eines Prüfungs- oder Verwandlungsgeschehens umsetzt, freilich im autonomen Formenspiel der Instrumentalmusik.

Dieser Weg führt uns im nun wieder einsetzenden Allegro durch den Durchführungsteil des Sonatensatzes. Vor allem der Kopf des Fugenthemas und das Skalenmotiv (Beispiel 3c) versetzen uns in eine düstere und schroffe Moll-Welt, in der die Stimmen übereinander stürzen, sodass ein Entkommen aus diesem dornigen Stimmengestrüpp schier unmöglich scheint. Die Musik bricht sogar ganz ab, als sie zu einer Kadenz anhebt: Zwar erwarten wir den Schlussakkord in der Trauertonart g-Moll (T. 127), doch Mozart setzt stattdessen eine Generalpause. Wie aber kommt die Musik aus diesem fatalen Klangloch wieder heraus, und wie findet sie zurück in die Grundtonart Es-Dur, damit die Reprise einsetzen kann? Zunächst ändert Mozart wieder die Faktur. Das polyphone Durcheinander der Stimmen hatte ja buchstäblich ins Nichts geführt, und so probiert er nun auf verschiedenen Stufen das Nebeneinander zweier Motivgruppen aus: Viermal setzt zum einen das Fugenthema in verschiedenen Moll-

Tonarten an und bleibt dabei im Kopfmotiv hängen. Dreimal suchen Flöte und Fagott durch eine Überleitungsgirlande, die aus dem Skalenmotiv (Beispiel 3c) gewonnen wurde, nach einem Ausweg. Doch auch sie können die Moll-Eintrübung nicht beseitigen. Das schaffen sie erst, angeleitet von den Klarinetten, die den Schwenk nach Es-Dur herbeiführen, im vierten Anlauf.

Hier könnte nun wie zu Beginn des ersten Allegro-Teils der Fugenbeginn wortwörtlich wiederholt werden. Mozart aber macht etwas ganz anderes. Er verpflanzt uns in einen musikalischen Irrgarten: Zwar setzt das Fugenthema wieder in den Zweiten Geigen ein, doch der Eindruck einer Fuge kommt nicht mehr auf, da die Fagotte sofort mit dem Skalenmotiv (Beispiel 3c) kontrapunktieren. Wenig später verselbstständigt sich gar der Sechzehntelschnörkel des Fugenthemas in den Fagotten, während Bratschen und Streicherbässe den Kopf des Fugenthemas engführen, kurzum: Die Hörerschaft weiß nicht mehr, wo sie sich im Sonatensatz befindet. Waren wir nicht längst schon in der Reprise? Es-Dur war doch bereits erreicht? Doch nun lässt uns das motivische Geschehen argwöhnen, wir seien immer noch in der Durchführung. Die Verwirrung ist perfekt, bis plötzlich (T. 154) die Musik in jenen grandiosen Forte-Auftritt des Fugenthemas mündet, der uns bereits im ersten Allegro-Teil (T. 39) begeistert hat. Mozart hat uns also auf einem anderen Weg dorthin zurückgeführt: eine der pfiffigsten Umleitungspassagen aller Zeiten.

Der Fortgang der Reprise ist von nun an nach üblichem Formverlauf davon geprägt, dass die zweite Themengruppe nicht mehr wie im ersten Allegro-Teil in der Dominante B-Dur, sondern in der Grundtonart Es-Dur angespielt wird. Die Reprise der zweiten Themengruppe samt der

Ein musikalisches Erweckungserlebnis durch die »Zauberflöten«-Ouvertüre

Im *Buch des Andenkens für ihre Freunde* berichtet die Schriftstellerin Rahel Varnhagen von Ense (1771–1833) über den Berliner Musikdirektor Bernhard Anselm Weber (1764–1821), der ihr von seinem Erweckungserlebnis durch die *Zauberflöten*-Ouvertüre erzählte: »Dann reiste ich aber nach München; und ging unbefangen in die Zauberflöte; und wie ich die Ouvertüre hörte, glaubte ich umzusinken, zu schweben; ich war nicht mehr im Schauspielhaus, nicht auf der Erde mehr: das ist die Musik! Schrie ich, nun weiß ich, was Musik ist, was Musik will: und ich fand mich völlig umgewandelt!«

Schlussgruppe mit dem aufstrahlenden Crescendo lässt sich also als eine quintversetzte Paraphrase der analogen Passagen aus dem ersten Allegro hören. Zum Schluss aber zieht Mozart noch einen weiteren Trumpf aus der Tasche: Zweimal wird in markanten halben Noten das *c* und damit die in den Eingangsakkorden so bedeutsame VI. Stufe herausgehoben, indem in der Wendung *des–h–c* die Nachbarnoten nach Art der Oboenklausel aus der Einleitung den Zielton umfassen, worauf jedes Mal die Es-Dur-Kadenz antwortet. Und wenn schließlich das Kopfmotiv des Fugenthemas von es^3, b^2 und dann von g^2 aus, zum Dreierpack gebündelt, ein letztes Mal in Erscheinung tritt, haben sich die aufsteigenden Diskanttöne der Einleitungsakkorde nach unten gekehrt, als ob sich das akkordische Eingangsportal des unmittelbaren Anfangs hier wieder schließen würde. Dies bekräftigt dann ein Es-Dur-Tusch im Forte: eine das glückliche Ende dieser abenteuerlichen *Zauberflöten*-Vorausschau feiernde musikalische Gebärde voll triumphaler Festlichkeit.

Damit lässt sich nun die anfangs gestellte Frage nach dem Grund für die außergewöhnliche Komplexität dieser Ouvertüre beantworten. Das Hauptanliegen ist, einen Brückenschlag zur nachfolgenden Oper zu vollziehen. Der motivische Vorgriff mit dem dreifachen Akkord ist in diesem Zusammenhang nur das auffälligste Moment. Vor allem führt die Ouvertüre im Medium der Orchestermusik wesentliche Prinzipien vor Ohren, die die Dramaturgie der Oper bestimmen werden: Da ist zum einen die Verschränkung mehrerer Stilebenen, indem sakrale, buffoneske, gelehrte, eingängige, archaisierende und dem damaligen Zeitstil zugehörige Elemente ineinanderlaufen. Da ist zum anderen eine Musik in unablässiger Verwandlung zu hören: Nichts anderes wird den Hauptcharakteren des Stücks widerfahren. Und zum dritten kommt das Prinzip des Bluffs zum Tragen, wonach Mozart etliche Irritationen in das musikalische Geschehen der Ouvertüre einarbeitet. Sie halten die Hörerschaft dazu an, das zunächst für gültig erkannte Verständnis der Komposition im Nachhinein aufgrund im weiteren Verlauf erhaltener Hörinformationen zu revidieren und neu zu bewerten. Immer wieder ist in dieser Musik manches anders, als es zunächst scheint. Genau dies aber geschieht Hörern *und* Figuren alsbald im Geschehen der Oper fortlaufend. Indem Mozart uns das intellektuelle Vergnügen an seiner genialsten Ouvertüre gewährt, wird das Publikum über den Untertitel der *Zauberflöte* via Musik belehrt. Es ist nämlich kein belangloses Singspiel zu erwarten, viel mehr eine »große Oper«, in der über ernste und wichtige Sachen mitunter sogar gescherzt wird – wie in der Ouvertüre ja auch.

Spaziergang durch das Werk

Die Introduktion Nr. 1 »Zu Hilfe! zu Hilfe! sonst bin ich verloren«: Ein Held in Angst und seine erotisierten Retterinnen

Der Vorhang geht auf, doch die Handlung ist bereits in vollem Gange. Und man sieht, was man hört, bevor noch überhaupt ein Wort gesungen wurde. Während im Orchestergraben das c-Moll-Tremolo der Streicher unter dem Halteakkord der Bläser lauert, beobachten wir eine Flucht über Stock und Stein. Die Geigen zucken zweimal nach oben, und zweimal stürzen sie nach unten: Kaum noch kann sich der Held Tamino auf den Beinen halten. Im Nacken spürt er schon den Atem der ihn verfolgenden Schlange – die hastigen, chromatisch aufsteigenden Stolperfiguren in den Geigen verraten es. Schon in diesen ersten 16 Takten wird ein wichtiges Charakteristikum der *Zauberflöten*-Musik wahrnehmbar. Sie ist in außergewöhnlichem Maße Aktionsmusik und Handlungsvorgabe. Und so gibt es trotz des Erreichens der c-Moll-Tonika in Takt 17 kein Verschnaufen: noch

Ein Alptraum von einer Schlange grinst Tamino (Simon Bode) in die gute Stube. Alfred Kirchners Frankfurter Inszenierung von 1998 setzt in der skurrilen Ausstattung von Michael Sowa auf Fantastik.

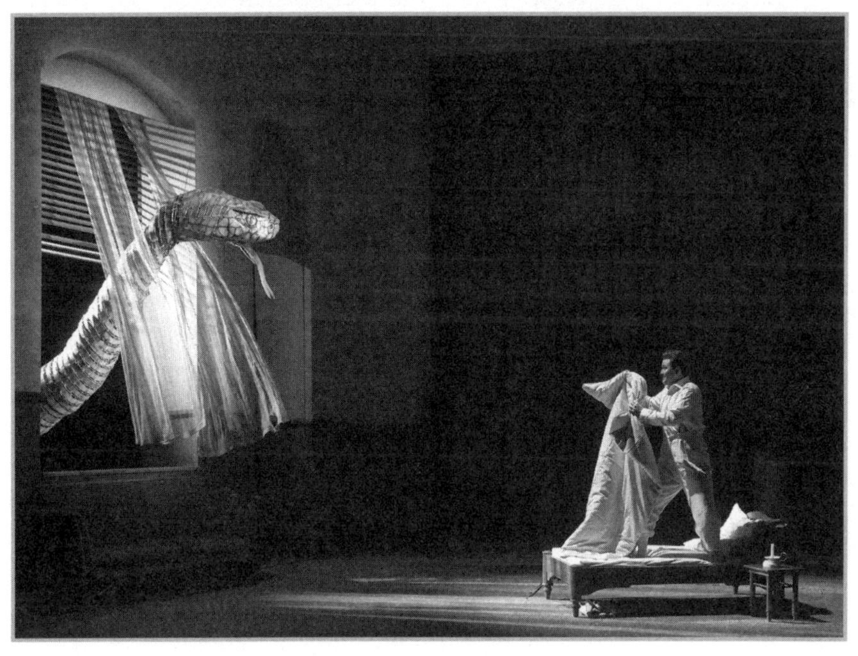

einmal die Fluchtmusik, genau wie zu Beginn. Doch nun ruft Tamino in die Musik hinein die Götter um Hilfe. In harmonischer Hinsicht ist dies ein Ausbruchversuch nach G-Dur (T. 27), doch vergeblich, denn bereits im nächsten Takt geht die Flucht in einer sich chromatisch nach oben schiebenden Sequenz weiter, die schließlich in einen Kadenzvorgang mündet, der der Schlange einen Triumph und Tamino ein frühes Ende in c-Moll zu bescheren scheint. Und in der Tat: Tamino fällt mit einem c^1 auf den Lippen zu Boden. Bei einem schlechten Komponisten wäre schon jetzt nach 40 Takten mit einem Tonika-Schluss auf c-Moll die Oper aus. Mozart hingegen greift in die kompositorische Trickkiste, um Tamino lediglich für den Rest der Introduktion in eine Ohnmacht fallen zu lassen: Taminos c^1 ist nämlich überraschenderweise nicht Grundton, sondern die Terz zu einem As-Dur-Akkord – ein Trugschluss also, der die Schlange teuer zu stehen kommt: Denn mit einem Schlag ändert sich hier die musikalische Szenerie. Die auftaktigen Phrasen von Taminos Angstgesang weichen dem volltaktig einsetzenden Signalruf der drei Damen: »Stirb, Ungeheur, durch unsre Macht!« Pauken und Trompeten, die Mozart ursprünglich von Anfang an hatte mitspielen lassen wollen, trumpfen nun, da sie erst zum Kampfeinsatz ins Feld geführt werden, umso wirkungsvoller auf, und die Damen bereiten der Schlange entschlossen den Garaus. In einem klitzekleinen Triumphmarsch in Es-Dur feiern sie ihren Sieg. Und dass das Scheusal nicht etwa von der Hand Taminos erlegt wurde, sondern – so die Damen – »durch unsres Armes Tapferkeit« sein verdientes Ende fand, wird durch die Betonung auf »*uns*res« hervorgehoben.

Einem Operngänger der Mozart-Zeit mit Repertoirekenntnis wird bereits hier aufgefallen sein, dass es in der *Zauberflöte* anders zugeht als gewöhnlich auf der Schaubühne. Hier ist ausgerechnet der Held wehrlos und fällt obendrein kläglich in Ohnmacht. Die Frauen hingegen stellen sich mutig und tatkräftig der Gefahr: Verkehrte Welt also? Wir werden sehen, wie es mit Mozarts Heldinnen-Terzett weitergeht. Zunächst blicken sie zu einer in schmachtender Chromatik endenden Überleitungsphrase des Orchesters auf den besinnungslos vor ihnen liegenden Jüngling. Angerührt von dessen Schönheit halten sie einen Moment inne, um dann zu beschließen, der Königin der Nacht Bericht zu erstatten. Beiläufig führt Mozart hier ein Begleitmotiv mit charakteristischem Triolenschluss ein, das alsbald den Verlauf prägen wird.

Beispiel 5

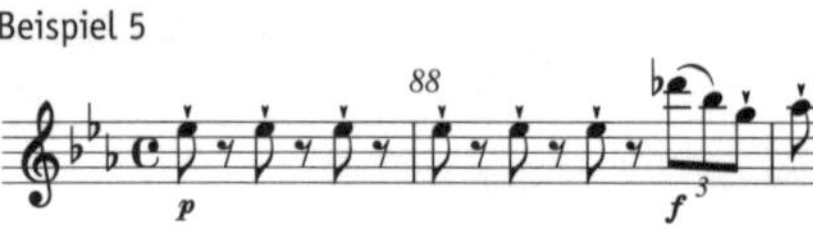

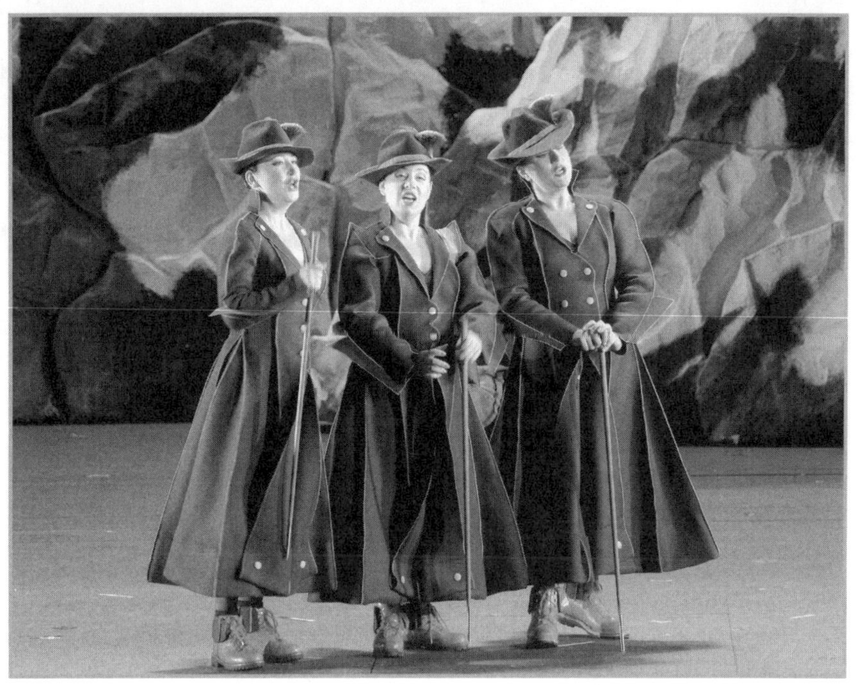

Die Damen zanken sich nämlich nun darum, wer Tamino bewachen darf, solange die anderen beiden die Königin benachrichtigen sollen. Während des Disputs rutscht das begleitende Triolenmotiv nervös durch die Tonarten. Letztlich sorgt hier nur noch das Orchester für Zusammenhang, während die Damen egozentrische Verhaltensweisen entwickeln. Das anfängliche »Wir« weicht in der Konkurrenz um die Gunst des Jünglings dem störrischen »Ich, ich, ich!«, mit dem die drei Damen einander fortzuscheuchen suchen.

Was Mozart von diesem Wettbewerb um einen bewusstlosen Mann hält, wird deutlich, wenn die Damen ab der Textstelle »Ich sollte fort!« ärgerlich vor sich hin grummeln: Die Musik verlegt sich hier auf ein tänzerisches 6/8-Takt-Allegro in G-Dur, in dem die Holzbläser immer wieder dazwischenkichern, als wollten sie das Geschehen auf der Bühne ironisch kommentieren. Indem Mozart also Mittel der Opera buffa heranzieht, wird der Betrachter der Szene schon wieder aufgefordert, sein bisheriges Urteil über die Personen auf der Bühne zu revidieren. Die Drachentöterinnen sind inzwischen der Schwärmerei für schöne Männer erlegen und ziemlich stutenbissig ge-

2006 trugen die drei Damen (Inga Kalna, Karine Deshayes und Ekaterina Gubanova) zur Feier von Mozarts 250. Geburtstag in Salzburg feschen Loden-Schick (Inszenierung: Pierre Audi).

Steckbrief: Die drei Damen

Ihrer Herrin, der Königin der Nacht, sind die drei Damen so treu ergeben, dass sie ihr schließlich sogar in den Untergang folgen. Ihr vornehmer Stand geht mit einer zölibatären Lebensweise einher, womit sie freilich alles andere als zufrieden sind. Das wird aber nicht gleich deutlich, weil sie zunächst einen ganz anderen Eindruck erwecken: Von Pauken und Trompeten umtönt, haben sie zu Beginn der Oper als furchtlose Schlangenbezwingerinnen unseren Beifall gefunden. Doch als ihre Blicke auf den ohnmächtigen Tamino fallen, überkommt sie ein erotisches Begehren, das in ziemlich schrägem Verhältnis zu ihrem heroischen Entree steht. Noch ulkiger ist der Zank unter den Dreien, da jede der Damen bei dem schönen Jüngling allein Wache schieben will, während die anderen beiden der Königin Bericht über den Jagdvorfall erstatten sollen. Da keine den anderen ein unbeobachtetes Tête-à-Tête mit Tamino gönnt, ziehen sie schließlich verärgert zu dritt ab. Benehmen sie sich auch im Folgenden wie pubertäre Backfische im Wettstreit um die Gunst Taminos, so behandeln sie Papageno hingegen ziemlich von oben herab: als Domestiken eben. Nicht ohne Schadenfreude hängen sie ihm ein stumm machendes Zauberschloss vor den Mund, um ihn für seine Anmaßung zu bestrafen, sich vor Tamino als Schlangentöter aufgespielt zu haben.

Auch als sich später Tamino auf die Seite ihrer Gegner geschlagen hat, blitzt in der Musik die humorige Zeichnung der drei Damen noch ab und zu auf: wenn sie etwa lautmalerisch begreifbar machen wollen, was man sich über die Falschheit von Sarastros Priesterschaft im Reich der nächtlichen Königin so alles in die Ohren »zischelt«, wenn sie Papageno mit ihrer Anti-Sarastro-Propaganda Angst einjagen wollen oder wenn sie in einer letzten, vergeblichen Charmeoffensive – »Warum bist du mit uns so spröde?« – Tamino wieder auf die Seite der Königin zu ziehen versuchen. Schade eigentlich, dass dieses alles in allem doch recht fidele Damentrio nicht noch rechtzeitig der Königin vor ihrem finalen Sturz den Dienst quittiert.

worden. Freilich ist ihnen klar, dass keine den Wettbewerb wird gewinnen können, und so raffen sie sich zum gemeinsamen einstweiligen Abschied von Tamino auf. Mozart markiert diese neue Wendung durch einen Takt-, Tempo- und Tonartenwechsel hin zu einem Alla-breve-Allegro in C-Dur ab der Textstelle »Was wollte ich darum nicht geben«. Und indem er dieser Entschlussfassung einen heroischen Anstrich verleiht – nicht zuletzt dank fanfarenartiger Melodik bei »Doch keine geht« –, trägt die Musik ein wenig zu dick auf, sodass wir uns über die drei Damen vollends amüsieren. Dennoch gibt Mozart sie nicht der Lächerlichkeit preis. Vielmehr lässt er sie in einem anmutig schwebenden Terzettsatz ohne Bassfundament (»Du Jüngling schön und liebevoll«), in den geradezu zärtlich schmachtende Oboenwendungen eingefügt sind, von Tamino Abschied nehmen. Und die Textwiederholungen zeigen es: Sie können sich kaum von ihm losreißen, so sehr hat Tamino ihnen den Kopf verdreht. Schließlich müssen die Geigen energisch werden, um die drei Damen mit einer ins Forte gestellten abwärtsführenden Triolenskala, die zuvor nur im Piano erklungen war, von der Bühne zu treiben.

Die Arie Nr. 2 »Der Vogelfänger bin ich ja«: Schikaneders musikalische Visitenkarte

Wenn Tamino zu der im Orchester einsetzenden Musik Papageno herannahen sieht, führt dies zu einem aus Buffo-Opern bekannten Szenentyp: Die komische Hauptperson stellt sich in der Absicht, die Sympathie des Publikums zu erheischen, in einer Auftrittsarie vor. So auch der in die Rolle des Papageno geschlüpfte Chef der Wiedner Bühne, Emanuel Schikaneder. Doch wie stellt man diese augenzwinkernde Kumpanei zwischen Bühne und Parkett her? Indem der Protagonist die Illusion erweckt: »Ich bin einer von euch.« Die Bedingungen für solches Einvernehmen sind Einfachheit und Eingängigkeit. Und in der Tat, man müsste schon ziemlich unmusikalisch sein, um nicht in Papagenos Auftrittslied einstimmen zu können. Der aufmerksamen Leserschaft wird nicht entgangen sein, dass gerade die Vokabel »Lied« fiel. Handelt es sich also um gar keine Arie? Die leicht fassliche Gliederung, der tänzerische Duktus sprechen dagegen. Gleiches gilt für die Textstruktur, die ganz regelmäßig pro Strophe acht zu Paarreimen gefügte Verse in vierfüßigen Jamben bietet. Ohne Mühe lassen sich auf die Melodie von Papagenos Lied weitere Strophen hinzuerfinden. Dementsprechend genehmigte sich Schikaneder spätestens seit 1795 jene zusätzliche 3. Strophe, die auch heute noch in den meisten Aufführungen gesungen wird.

Indessen würde kein Hahn mehr nach dem Papageno-Lied krähen, wäre Captatio benevolentiae, also das Buhlen um die Gunst des Publikums, das alleinige Ziel. Vielmehr stimmen die auf Unkompliziertheit und Natürlichkeit abhebenden Reize der Komposition exakt mit Papagenos Wesensart eines Naturburschen überein. Und dass es sich dann doch um mehr als einen bloßen Schlager handelt, erweist die genauere Betrach-

Steckbrief: Papageno

Der fragende Lockruf seines Faunenpfeifchens *g–a–h–c–d* ist Papagenos Jingle. Dass der Pfiff nicht nur Vögel herbeilocken soll, ist aus Papagenos Selbstporträt zu ersehen, wenn er von sich sagt: »Ich bin so ein Naturmensch, der sich mit Schlaf, Speise und Trank begnügt; – und wenn es ja sein könnte, daß ich mir einmal ein schönes Weibchen fange«, dann wäre das, wie er einen halben Akt später bekennt, für ihn die »Seligkeit«. Mit 28 ist er ein Mann in den besten Jahren, der sich mit seinem Vogelfängerberuf dermaßen identifiziert, dass er offenbar selbst nicht so recht weiß, ob ihm die Federn aus der Haut herauswachsen.

Zudem legt sein Name eine Wesensverwandtschaft mit den Papageien nahe, zumindest könnte ihr Geplapper auf sein überbordendes Mitteilungsbedürfnis abgefärbt haben. Gutgläubig und ängstlich ist er überdies, weshalb weder die Damen der sternflammenden Königin noch Prinz Tamino noch die Priester Sarastros ihn wirklich ernst nehmen. Ohnehin ist er ein Mann der einfachen Wahrheiten, und die volksliedhaft-eingängigen Weisen seiner Gesänge bezeugen, dass die Papagenos aller Zeiten auch ohne Abitur und Studium liebenswert sind, weil sie die rechte Herzensbildung haben.

Freilich ist dieser treuherzige Mensch ohne eigenes Zutun in eine brandgefährliche Geschichte geraten: Von der Königin der Nacht bereits gegen seinen Willen zum Reisegefährten Taminos bestimmt, zwingen ihn nun die Priester in ein Einweihungsritual, dem er sich nur deshalb fügt, weil ihm eine Papagena als Belohnung versprochen wird.

Allerdings ist er für dieses Prüfungsabenteuer gänzlich ungeeignet, vor allem weil es ihn, die Quasselstrippe, zur Stummheit verdammt. Grantelnd begehrt er dagegen auf, und so ist seinem Prüfungsversagen ein anarchistischer Zug eigen, weil Papageno die absonderlichen Momente der ihm aufgezwungenen Mutprobe zur Sprache bringt.

Da ihm nach seinem Scheitern auch die Aussicht auf eine Liebste genommen ist, verliert unser komischer Antiheld schließlich seine Heiterkeit. Ließ er sich bislang von Leuten, mit denen er ohnehin nichts zu tun haben wollte, herumschubsen, so handelt er nun endlich selbstbestimmt und wählt den Tod. Nur das Eingreifen der drei Knaben bewahrt ihn vor diesem äußersten Schritt, sodass er sich schließlich doch noch seine Papagena gewinnt. Und so wird vollends am Schluss begreifbar, warum wir Papagenos Weg durchs Stück mit Sympathie verfolgen: weil wir sein Ringen um Autonomie, Selbstbestimmung und Selbstbehauptung belohnt wissen wollen.

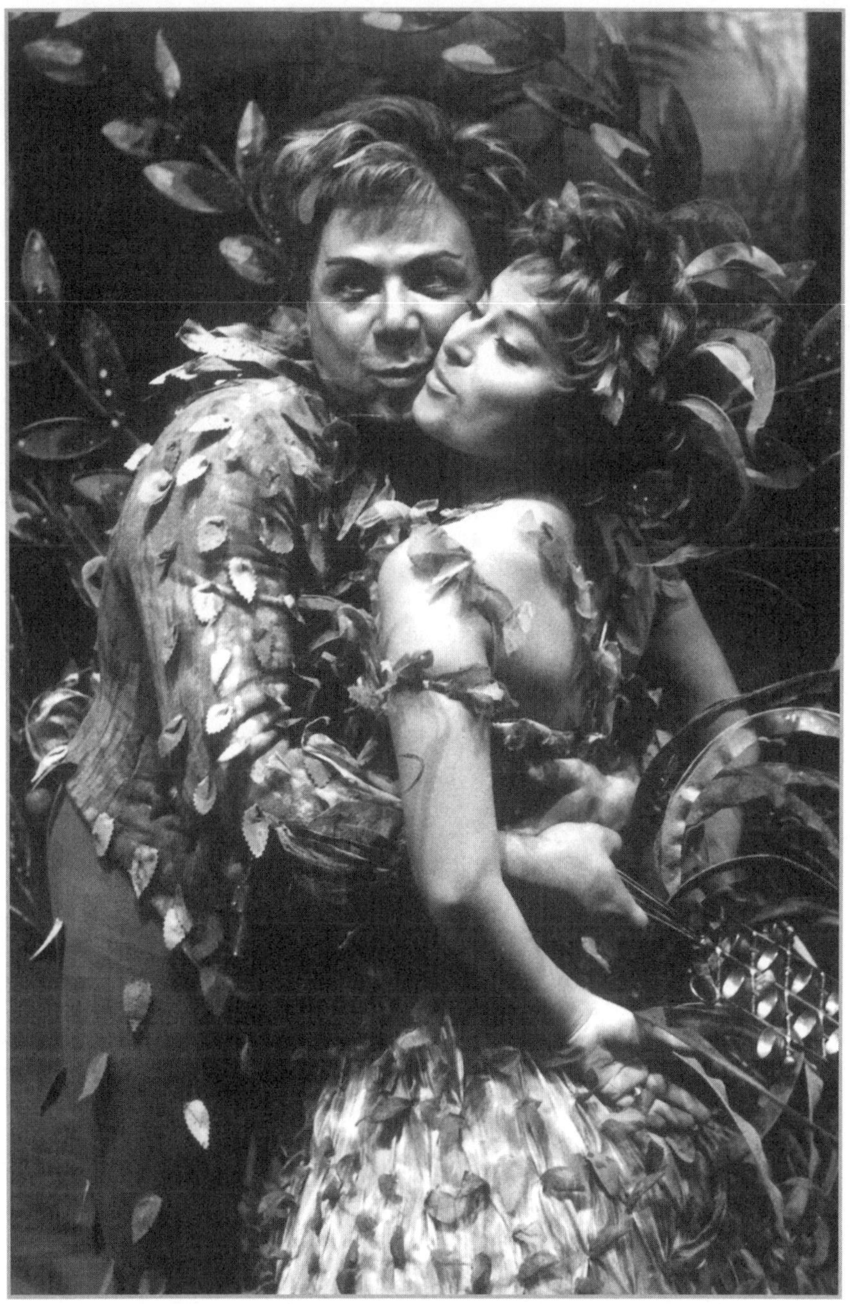

Erotik pur: Walter Berry und Graziella Sciutti als Papageno und Papagena in einer Inszenierung von Günther Rennert für die Salzburger Festspiele 1959.

tung. So ist die instrumentale Einleitung dieses insgesamt 50 Takte umfassenden Liedes mit 26 Takten recht lang geraten. Sie soll ja auch dem Hereinkommen Papagenos Zeit geben. Bereits in der Einleitungsmusik sind die wesentlichen Merkmale der ganzen Nummer präsent. Da wäre zunächst der dreischichtige Aufbau des musikalischen Satzes: Während Bässe und Hörner das tänzerische Grundmuster ♩ 𝄾 ♪ | ♪ ♪ ♪ 𝄾 bereitstellen, intonieren die ersten Geigen über einem durchlaufenden Sechzehntelband der mittleren Streicher die spätere Gesangsmelodie. Die eigentliche Pointe des Stücks resultiert aber aus dem zweifachen Wechselspiel von Oboen/Hörner-Einwurf aus dem Orchester und Panflötenpfiff auf der Bühne:

Beispiel 6

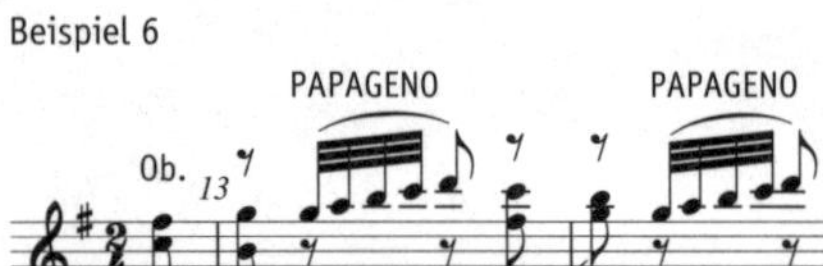

Man kann hier die Bläserwendung im Orchester als Aufforderung an Papageno verstehen, sein Pfeifchen hören zu lassen, was dieser aus dem Bühnen-Off heraus prompt auch tut. In den Takten 23/24, mit Auftakt freilich, – laut Regiebemerkung ist Papageno soeben auf die Bühne gekommen – hat Mozart dieses Wechselspiel justament andersherum organisiert: *zuerst* das Papageno-Pfeifchen, *dann* erst der Bläsereinwurf aus dem Orchester. Es ist, als ob die Bläser nun zufrieden bestätigen würden, dass Papageno endlich auf der Bühne steht. Durch das Interagieren von Orchester- und Bühnenmusik hat Mozart also Papagenos Eintreten in die Szene – will sagen: in die Handlung – inszeniert und damit die Auftrittsnummer ins Geschehen integriert.

Taminos Arie Nr. 3 »Dies Bildnis ist bezaubernd schön«: Liebe auf den ersten Blick

Nachdem Papageno seine musikalische Visitenkarte abgegeben und von den Damen ein Schloss vor den Mund geschlagen bekommen hat, und nachdem Tamino von den drei Damen Paminas Porträtmedaillon erhalten hat, ist dieser, so die Regiebemerkung, »gleich beim Empfang des Bildnisses aufmerksam geworden; seine Liebe nimmt zu«. Das ist ein wichtiger Fingerzeig zum Verständnis der Arie. Denn zwar zeigt sie uns Tamino als jemanden, den Liebe auf den ersten Blick in den Bann geschlagen und in einen empfindsamen Seelenzustand versetzt hat. Doch ist nicht die bloße

Beschreibung dieser Gemütslage das Anliegen der Musik, vielmehr vergegenwärtigt sie gemäß der Regiebemerkung in der Art eines Selbstgesprächs ein Geschehen: Taminos emotionale Hinwendung zu einer Person, von der er überdies noch so gut wie gar nichts weiß.

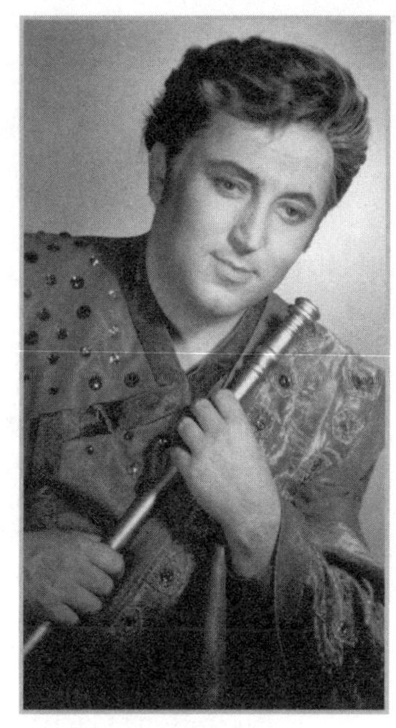

Bezeichnend für den prozesshaften Verlauf der Komposition ist, dass es in dieser Arie – anders als zur Mozart-Zeit üblich – nur einen einzigen und keinen weiteren Textdurchgang gibt, übrigens ein Charakteristikum aller Arien dieser Oper. Und indem sich der Text an der Gedichtform des Sonetts orientiert, haftet schon dem Text ein auf den Schluss zielendes, prozesshaftes Moment an. Doch auch der musikalische Vorgang führt aus der Aura der Ergriffenheit von der Schönheit Paminas (erste Quartettstrophe) und der Erkenntnis, in Liebe gefallen zu sein (zweites Quartett), in die beiden visionären Terzettstrophen, in denen der Wunsch des Kennenlernens (erstes Terzett) in die Hoffnung auf ein immerwährendes Liebesbündnis (Schlussverse) mündet. Dieses Musikstück über Taminos Liebeserwachen ist in der Forschungsliteratur ausführlich beschrieben worden. Wir beschränken uns auf einige den Verlauf der Arie und ihre Stellung im Gesamtzusammenhang betreffende Details.

Die Bildnis-Arie ist nach der Ouvertüre die erste Musiknummer in Es-Dur, der Grundtonart der Oper. Schon das zeigt ihre dramaturgische Bedeutung an, denn das, was in dieser Arie vor sich geht, setzt letztlich erst die Haupthandlung in Gang. Bereits der unmittelbare Anfang, wenn die Singstimme den Bewegungsimpuls der beiden Seufzer im knappen Orchestervorspiel im Sextsprung aufnimmt und in einer abwärtsgleitenden Linie wieder abfängt, zeigt das gleichsam organische Prinzip, nach dem diese Arie insgesamt sich fortspinnt – in jener poetischen Sensitivität, die wir aus langsamen Sätzen in Mozarts Klavierkonzerten kennen.

Der beste Tamino aller Zeiten: Fritz Wunderlich in einem Rollenfoto von 1965. Bereits mit 35 Jahren verstorben, ist er der Inbegriff des lyrischen Tenors. Seit Wunderlichs Auftreten lassen Heldentenöre die Finger von der Partie des Tamino.

Beispiel 7

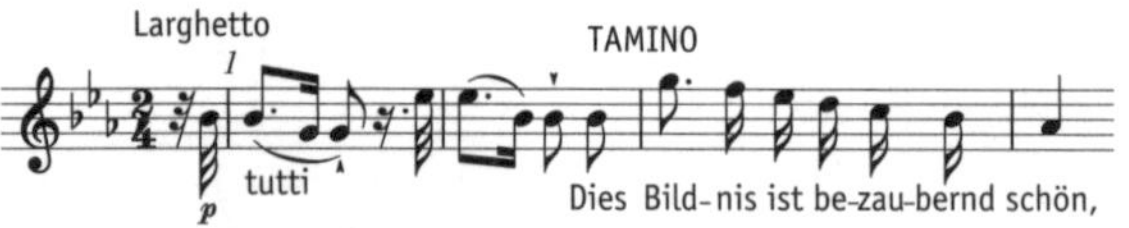

Taminos Staunen über seine innere Verwandlung durch das Erwachen seines Liebesgefühls wird besonders sinnfällig in der in B-Dur stehenden zweiten Strophe ab »Dies Etwas kann ich zwar nicht nennen«. Da markiert in der Textzeile »Ja, ja, die Liebe ist's allein« eine Generalpause (T. 27) den Moment, in dem sich Tamino seiner Liebesfähigkeit bewusst wird. Doch noch kann er das neue Glücksgefühl nicht fassen, sodass die Phrase zunächst in einem Trugschluss mit *g* im Bass (T. 29) führt, bis schließlich in Takt 34 der B-Dur-Schluss erreicht ist – zum Zeichen dafür, dass Tamino seine Verwandlung in einen Liebenden akzeptiert und verinnerlicht hat.

Der Ausblick auf ein Zusammenkommen mit der Geliebten in der ersten Terzettstrophe ab »O wenn ich sie nur finden könnte« bleibt durchweg in harmonischer Schwebe. B-Dur hat nämlich inzwischen die Funktion gewechselt und ist nicht mehr Tonika, sondern bleibt als Dominante zu Es-Dur unaufgelöst – ganz gemäß der Ratlosigkeit Taminos, der sich nun auf die Geliebte hin zu orientieren versucht. Mozart zieht in diesen Arienabschnitt sogar die erste Vershälfte des Schlussterzetts »Was würde ich? –« hinüber und hebt dabei den Gedankenstrich abermals durch eine Generalpause (T. 44) hervor, die dieses Mal sogar einen ganzen Takt lang währt. Genau hier fällt Tamino die Entscheidung für sein künftiges Leben mit der Geliebten. Nun hat er wieder festen Stand, und zur Bestätigung tritt nun die Es-Dur-Tonika ein. Ein imaginärer Dialog entspinnt sich zwischen der ersehnten Liebsten (Geigenstimme) und Tamino (Singstimme), und alsbald greift die Arie zum Schlussvers »Und ewig wäre sie dann mein« (ab T. 52) auf eine Melodiezeile des Anfangsquartetts zurück, auf jene Phrasen, in denen Tamino von der »neuen Regung« gesungen hat (T. 10–15), die sein Herz erfüllt habe. Und als ob er dieser Herzensregung ewige Dauer verschaffen wolle, wiederholt Tamino den Schlussvers wieder und wieder, als sollte Nietzsches Diktum »Denn alle Lust will Ewigkeit, will tiefe, tiefe Ewigkeit« vorweggenommen werden. Es ist völlig klar, worauf es Tamino von nun an ankommt, nämlich die Geliebte zu gewinnen. Diesem Ziel wird er alles andere unterordnen. Und wenn im orchestralen Ausklang der Arie die Geigen mit b^2 Taminos hohes *as* emphatisch überbieten, so mag dies bereits andeuten, dass Tamino bei diesem Unterfangen über sich hinauswachsen wird.

Rezitativ und Arie Nr. 4 »O zittre nicht, mein lieber Sohn« / »Zum Leiden bin ich auserkoren«: Die imposante Selbstdarstellung einer Herrscherin

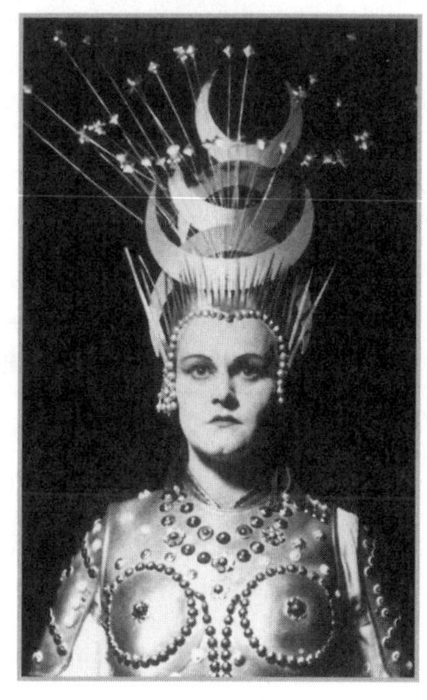

Nach Papagenos musikalischem Empfehlungsschreiben an alleinstehende Mädchen und Taminos introspektiver Selbstfindung bietet der Auftritt der Königin der Nacht das imposante Spektakel einer Selbstdarstellung via Musik. Bereits das nach oben ausgreifende Orchestercrescendo, mit dem die Königin der Nacht nicht etwa wie ein natürliches Wesen auf die Bühne kommt, vielmehr wie durch Zauberei in der Pracht ihres Herrschaftssitzes in Erscheinung tritt, ist eine Geste der Einschüchterung und der Zurschaustellung von Macht. Und wenn sie sich Tamino im Rezitativ zuwendet, so bringen wiederholt Fragmente aus der Einleitungsmusik die außerordentlichen Fähigkeiten dieser Frau in Erinnerung, die sich nun herablässt, zu Tamino als Mutter zu sprechen. Viel wird in der Literatur darüber gestritten, ob im nachfolgenden g-Moll-Andante ihrer Arie ehrliche Empfindung zum Tragen komme oder reine Berechnung, um Tamino in Sarastros Burg zu lotsen. Die Trauertonart g-Moll mag eine empfindsame Lesart des Andantes nahelegen.

Doch ebenso unbestreitbar ist die rhetorische Konzeption dieses von Paminas Entführung berichtenden Arienteils, und geradezu minutiös wird die Klage der Königin um ihre geraubte Tochter im Zusammenspiel von Orchestersatz, Harmonik und Singstimme von der Musik inszeniert. Bereits die erste Phrase, wo in dem Satz »Zum Leiden bin ich auser*ko*ren« der Hauptakzent auf der vorletzten Silbe liegt, lässt aufhorchen und erahnen, dass die Königin genau um die Wirkung ihrer Klangrede weiß. Emphatische Wiederholungen wie der zweimalige Ausruf auf unterschiedlichen Tonhöhen »Durch sie ging all mein Glück verloren« heben hervor, was die Königin bewegt. Illustrative Wendungen wie etwa die markanten rhythmischen Figuren im Orchester brandmarken Sarastro als »Bösewicht«. Und indem die Königin

Erna Berger als eiskalte Königin der Nacht wie aus Fritz Langs »Metropolis«-Film, tatsächlich aber in Gustaf Gründgens Berliner Inszenierung von 1938.

Steckbrief: Die Königin der Nacht

Dank ihrer Wut-Arie »Der Hölle Rache kocht in meinem Herzen« aus dem 2. Akt der Oper ist sie die bekannteste Mozart-Figur überhaupt. Hier droht die Königin der Nacht, getrieben vom Hass auf ihren Gegner Sarastro, ihrer Tochter Pamina die Verstoßung an, sollte sie sich weigern, Sarastro zu ermorden. Ohne Frage: Diese Frau ist außer Rand und Band, bereits der riesige Tonumfang ihrer Partie vom dreigestrichenen *f* hinunter bis zum kleinen *h* weist darauf hin. Außerdem ist sie eine Frau von gestern: Der kalte Zierrat ihrer Koloraturen, der blinkt und blitzt wie der Sternenhimmel, der sich über ihr nächtliches Reich wölbt, lässt noch einmal jene barocke Ära der Opera seria großartig aufklingen, deren Potentaten-Schicksale zur Entstehungszeit der *Zauberflöte* längst nicht mehr up to date waren.

Als ob sich plötzlich eine andere Welt aufgetan hätte: So nimmt wiederum Tamino ihren imposanten Auftritt im 1. Akt der *Zauberflöte* wahr, als sich die Königin herablässt, dem jungen Mann ihr mütterliches Leid zu klagen. Um ihre Verbitterung zu verstehen, müssen wir in die Vorgeschichte zurückblenden: Ihr auf dem Totenbett liegender Mann hat ihr den Macht gewährenden siebenfachen Sonnenkreis verweigert und dem Sarastro vererbt. Die Begründung dafür war kränkend: Das Herrschaftssymbol gehöre nicht in die Hände einer Frau, überhaupt habe sie sich Sarastro und seinen Priestern unterzuordnen. Und dann hat Sarastro ihr auch noch die Tochter geraubt. Es ist also durchaus nachvollziehbar, dass diese um ihre gekidnappte Tochter sich sorgende Fürstin in Tamino einen Befreier Paminas zu gewinnen sucht. Dass die Königin Tamino allerdings ihr Verlangen nach dem Sonnenkreis verschweigt, lässt außerdem politisches Kalkül in ihrem Handeln vermuten.

Trotzdem: Ist ihr Wutausbruch in der berühmten Rache-Arie nicht nachvollziehbar, nachdem sie von Pamina erfahren musste, dass Sarastro ihren Hoffnungsträger Tamino umgedreht hat? Allerdings ereignet sich in dieser Arie vor allem eines: der moralische Zusammenbruch der Königin. Im Fluch auf Pamina siegt ihre Gier nach dem Sonnenkreis über die Liebe zu ihrem Kind. Wer dermaßen außer sich gerät, kann bloß noch verkommen.

Da ist es leider nur konsequent, dass die Königin dem sich ihr andienenden Monostatos die Ehe mit Pamina verspricht, obwohl sie von seinem unzüchtigen Begehren nach ihrer Tochter weiß. Wenn der Sturz in den Abgrund schließlich ihrem verheerenden Treiben ein Ende setzt, ist das Scheitern der Königin der Nacht dennoch nicht ohne Tragik. Die Frage steht im Raum, inwieweit sie eine von Missachtung, Kränkung und Enttäuschung in den Untergang Getriebene ist.

dieses Wort zweimal hintereinander mit heftigem Akzent hervorhebt, kann Tamino gar nicht anders, als der Charakterisierung des Sarastro als Unhold Glauben zu schenken. Ebenso bildkräftig vergegenwärtigt uns die Musik das »Zittern« der verängstigten Pamina in den bebenden Sechzehntelfiguren der Geigen, und die vergeblichen Hilferufe der Tochter hallen im Gesang der Königin nach. Nicht zuletzt wird die Schwäche der hilflosen Mutter ohrenfällig, wenn die Gesangsphrasen resignierend sich abwärts kehren, besonders eindrucksvoll, wenn die Königin zum Schluss des Andante-Teils resümiert: »Denn meine Hilfe war zu schwach«, und ihre Stimme von *as*^{2} nach *g*^{1} fällt. Das sitzt alles dermaßen passgenau, dass wir daran erkennen können, wie es um diese Königin bestellt ist. Für sie ist nämlich diese Art, zu reden, herrscherliche Normalität.

Die Frage nach privatem Empfinden stellt sich bei einer Monarchin, die einen Untergebenen anredet, also gar nicht. Sie ist ein Missverständnis aus nachmozartischer Zeit, eine Rückprojektion bürgerlicher Gefühlsauffassung in eine von monarchischer Attitüde geprägte Bühnenfigur. Bei einer Königin zählt vielmehr die Haltung. Und die macht Eindruck. Mozart hat folglich beim Auftritt der nächtlichen Königin Stilanleihen bei der Opera seria genommen, wo Herrscherfiguren sich auf repräsentative Art gegenüber Dritten darzustellen pflegen. Das zeigt sich vollends im schnellen B-Dur-Schlussteil der Arie. In dreifacher Anrede bestimmt die Königin Tamino zum Retter Paminas: »Du, du, du wirst sie zu befreien gehen«, einen Widerspruch kann es da nicht geben – und schon gar nicht, als die Königin sich plötzlich in all ihrer funkelnden Pracht offenbart. In einem atemberaubenden Koloraturenfeuerwerk, dass sich in grandioser Souveränität bis zum *f*^{3} hinaufwagt, wird sie tatsächlich im Glorienschein der »sternflammenden Königin« wahrnehmbar, sodass Tamino, nachdem die Königin ebenso plötzlich wieder verschwunden ist, wie sie aufgetaucht war, schlicht die Spucke wegbleibt.

Das Quintett Nr. 5 »Hm! hm! hm!«, das Terzett Nr. 6 »Du feines Täubchen nur herein« und das Duett Nr. 7 »Bei Männern, welche Liebe fühlen«: Von der Textverarbeitung in Noten über Action-Music hin zum liebesphilosophischen Gespräch

Rumms! Ein Forte-*b* und dann Pause: Das ist Einnoten-Komik vom Feinsten, denn in diesem Rumms-*b* hallt der klangprächtige B-Dur-Abgang der Königin zu Beginn des Quintetts nach. Und mit ihm bringt sich wieder Papageno ins Spiel – noch immer mit versiegeltem »Maul«, wie es recht derb in der Regiebemerkung heißt. »Hm! hm! hm!«, mehr bringt der sprachversehrte Papageno deshalb nicht hervor, wenn er sich im tragikomischen Duett von dem ratlosen Tamino Hilfe erhofft. Da können dann nur noch die drei Damen Abhilfe schaffen. Insgesamt stellte dieses Quintett, in dem in der Folge mit der Übergabe von Zauberflöte und Glockenspiel Vorbereitungen für Taminos und Papagenos Reise ins Reich des Sarastro getroffen werden, den Komponisten vor eine nicht ganz einfache Aufgabe. Denn nicht weniger als 66 Verse waren zu bewältigen; und Mozart verarbeitete diese enorme Wortanhäufung nicht etwa im Rezitativ, sondern – zu überschaubaren Portionen gestückt – in liedhaftem Ensemblegesang. Die Musik setzt hierbei auf ein Pendeln zwischen zwei Gestaltungsprinzipien: Da gibt es zum einen die von der Handlung bestimmten, dialogischen Passagen, die im Wechsel zwischen den drei Damen und ihren Gesprächspartnern Papageno und Tamino von munterem Parlando geprägt sind. Zum anderen aber sind reflektierende Teilstücke in das Quintett eingelassen, die typisch für das Werk insgesamt sind. In ihnen gibt das als einheitlicher Klangkörper behandelte Ensemble moralisierende Allerweltsweisheiten zum Besten, die auf die eben vorausgegangenen Handlungsmomente Bezug nehmen.

Dazu ein Beispiel: Auf die Wiederherstellung von Papagenos Sprechvermögen durch Beseitigung der Maulsperre folgt eine Betrachtung darüber, zu welch friedvoller Gesellschaft die allgemeine Verfügbarkeit eines solchen Lügenbestrafungsinstruments führen würde. Ohnehin sind hier im Quintett diese kontemplativen Inseln an das Bestaunen der Wunderrequisiten – Mundschloss, Zauberflöte und Glockenspiel – geknüpft. Es ist auch nicht zu klären, ob die drei Damen, Papageno und Tamino jeweils für sich in die Betrachtung der Wunderdinge versunken sind oder ob sie aus der Handlung heraustreten und sich mit ihren Überlegungen direkt ans Publikum wenden. Jedenfalls ist – und darauf kommt es eigentlich an – jeder im Publikum aufgefordert, sich über das, was auf der Bühne an Weisheitslehre verkündet wird, eine eigene Meinung zu bilden. Mozarts Musik fordert zu solch distanzierter Beobachtung geradezu heraus. Mitunter steht sie nämlich ein wenig schräg zum Text. Da werden durch überraschende Sforzati Wörter plötzlich hervorgehoben. Dann wieder scheint das Orchester durch lustige Einwürfe Textkritik zu üben, wenn etwa im erwähnten Abschnitt über die Lüge die Oboe aus dem martialischen Gesangs-Unisono »Statt Hass, Verleumdung, schwarzer Galle« mittels einer fröhlich abwärtshüpfenden Passage zu »Lieb und Bruderbund« überleitet. Und selbst wenn die Musik besonders illustrativ zu sein scheint, wahrt sie immer noch Abstand zum Text. So ahmt etwa das Staccato der Sänger bei den Versen »Silberglöcken, Zauberflöten sind zu eurem / unserm Schutz vonnöten« den Klang des Glockenspiels nach. Der ungewöhnliche Akzent auf der dritten Silbe bei den Wörtern »Silber*glöck*chen« und »Zauber*flö*ten« versetzt die Personen aber für einen Moment in den mechanischen Zustand von Spieluhrenfiguren.

In den handlungsorientierten Teilen des Quintetts ist wiederum neben der witzigen Parlando-Textverarbeitung die Art und Weise, wie das Orchester für Kontinuität sorgt, besonders reizvoll. Hören wir dazu in jene von g-Moll über mehrere Stationen nach B-Dur führende Passage hinein, in der sich Papageno gegen seine Zwangsverpflichtung als Diener Taminos zu wehren versucht und sich dann dennoch mit dem Glockenspiel bestechen lässt. Um einen Eindruck von Mozarts harmonischer Finesse zu gewinnen, möge man etwa das klitzekleine Sechzehntelbegleitmotiv in den Geigen (Beispiel 8) verfolgen und darauf achten, wie es auf verschiedenen Tonstufen angespielt wird.

Beispiel 8

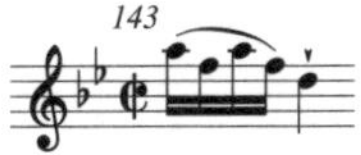

Der liedhafte Einschlag des Ensembles wird dann vollends gegen Schluss zum Ereignis, wenn die Damen auf die drei Knaben zu sprechen kommen. Besonders gelungen ist die Ausblendung des Satzes mit dem chromatisch eingefärbten »Auf Wiedersehn« der dem Tamino hinterherschmachtenden Damen, dem sonoren Abschiedsgruß der beiden Männer in Hörnerquinten und dem dreifachen Lebewohl, ganz zart in den Piano-Geigen: ein auskomponierter Bühnenabgang.

Auch nach dem Wechsel des Schauplatzes in Sarastros Burg, mit dem nun der um Pamina gesponnene Handlungsstrang ins Zentrum der Betrachtung rückt, behält Mozart das Komponieren in kleinen Einheiten bei. Und so handelt es sich bei dem G-Dur-Terzett »Du feines Täubchen nur herein« um zwei in eine Nummer gefasste Mini-Duette, die Monostatos mit zwei Duettpartnern zusammenspannt: zuerst mit Pamina, dann mit Papageno. Zwei Eigenschaften des Monostatos werden darin erkennbar: seine Lüsternheit und seine Feigheit. Nach rabiatem Forte-Einstieg – offenbar hat Monostatos die erschreckte Pamina zu fassen bekommen – steht seine keuchende Kurzatmigkeit gegen die Espressivo-Bögen der um Erbarmen flehenden Pamina. Doch nach ihrer Ohnmacht schlägt die Musik einen ganz und gar harmlosen Tonfall an, das Hereintreten des ahnungslosen Papageno inszenierend. Alles läuft in Echtzeit ab. Und in der Tat: Die ganze Nummer ist durch und durch Action-Music, also auch das lächerliche Aufeinandertreffen von Monostatos und Papageno, die in wechselseitiger Furcht einander mit Hu-Rufen verscheuchen, was wiederum die Bläser mit drei spitzen Schlussakkorden (mit schrillem g^3 in der Flöte) höhnisch kommentieren.

Auf diese aphoristische Slapstick-Nummer folgt eines der erstaunlichsten Liebesduette der gesamten Opernliteratur. Es erwächst aus Paminas und Papagenos im Sprechdialog stattfindender Unterhaltung über die Liebe, und so ist es – anders als sonst im Opernbetrieb – kein Duett *der* Liebenden, sondern ein gesungenes Gespräch unter Freunden, die sich – die eine, wie der andere – nach Liebe sehnen. Dieser philosophische Austausch über die Liebe ist umso beachtlicher, als in ihm die Standesgrenze zwischen Prinzessin und Domestiken, das heißt in die Mozart-Zeit übersetzt: zwischen Adelsdame und Kleinbürger, aufgehoben ist. Bevor wir diesem Liebesdiskurs folgen, sei aber auf ein philologisches Problem des Stücks hingewiesen. Gewöhnlich erklingt seine instrumentale Einleitung folgendermaßen:

Beispiel 9

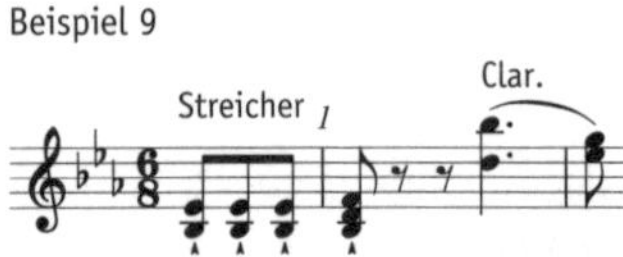

Der Anfangsfrage in den Streichern antworten also Hörner und Klarinetten. Jedoch fehlt die Antwort in Mozarts Autograph. Wir wissen nicht, ob er sie später im Stimmenmaterial der Hörner und Klarinetten stillschweigend hinzugefügt hat oder ob die Bläserantwort gar nicht vom Komponisten selbst stammt. Sei es, wie es sei – wir befinden uns jedenfalls in der hoch bedeutsamen *Zauberflöten*-Haupttonart Es-Dur. Für die Bläserergänzung spricht übrigens, dass das in zwei Strophen mit Coda verlaufende Duett insgesamt vom Frage-Antwort-Prinzip geprägt ist. Pamina gibt singend die Richtung vor, Papageno greift ihre Phrase auf, und im Zusammenklang sind beide sich dann einig. So läuft auch die zweite Strophe, in der Pamina ganz beiläufig die schlichte Melodie variiert, worin ihr Papageno ebenfalls – gleichsam ein gelehriger Schüler – folgt. Die Coda schließlich bietet in den Versen »Mann und Weib, und Weib und Mann, reichen an die Gottheit an« den Zielgedanken, auf den sich unsere beiden Liebesphilosophen verständigt haben. Danach geht die Liebe aus einem gleichberechtigten Verhältnis zwischen den Partnern hervor, sodass sie in der Liebesgemeinschaft reifen und gleichsam göttlich werden. Und diesen Transzendenzschub inszeniert Mozart, indem er in der Wiederholung der

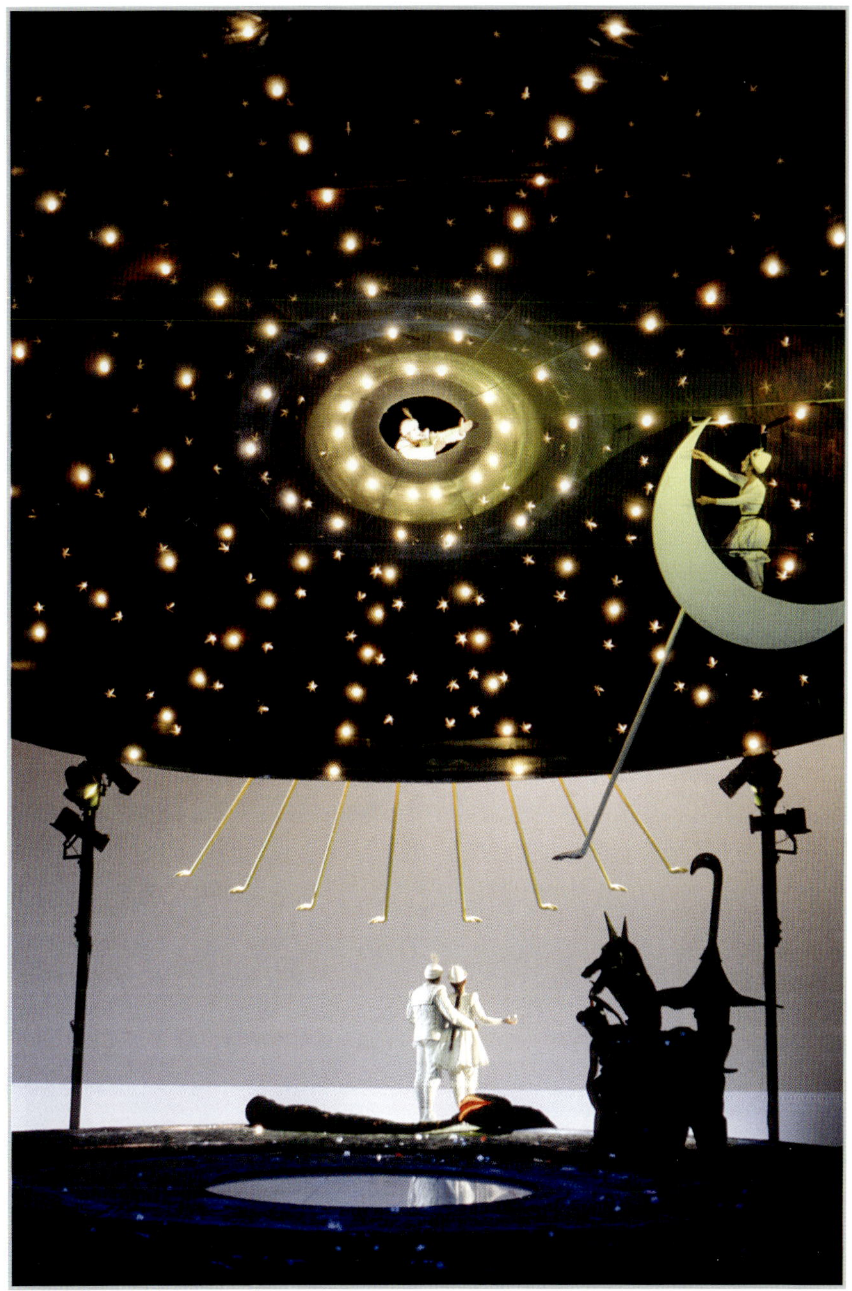

Das Open-End von Achim Freyers mehrfach bei den Salzburger Festspielen gezeigter Inszenierung 2002: Der Mond der nächtlichen Königin (Diana Damrau) verblasst vor der Übermacht von Sarastros (Alfred Reiter) Sonne, und Pamina (Barbara Bonney) und Tamino (Rainer Trost) machen sich auf den Weg.

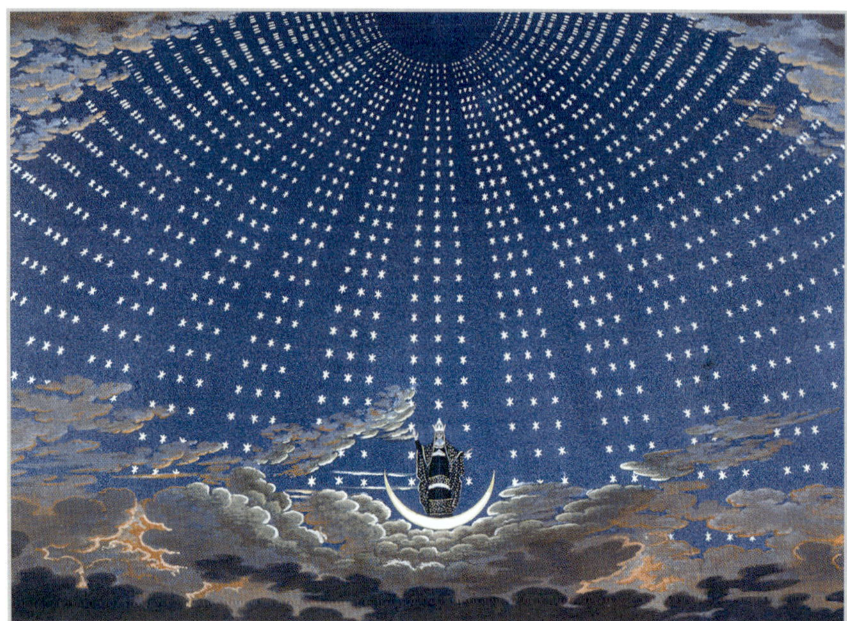

Oben: Karl Friedrich Schinkels berühmter Bühnenbildentwurf für den Auftritt der Königin der Nacht im 1. Akt. Schinkels 1816 in Berlin gezeigte »Zauberflöte« war bis weit ins 20. Jahrhundert stilprägend. ▪ 1818 reagierte in München Simon Quaglio unmittelbar darauf. Er romantisierte und dämonisierte Schinkels klassizistische Vorlage.

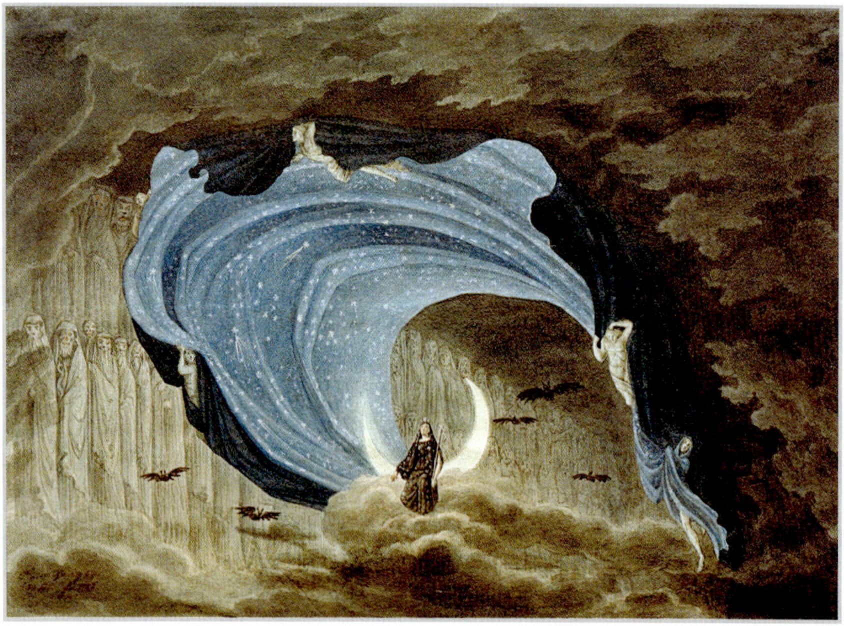

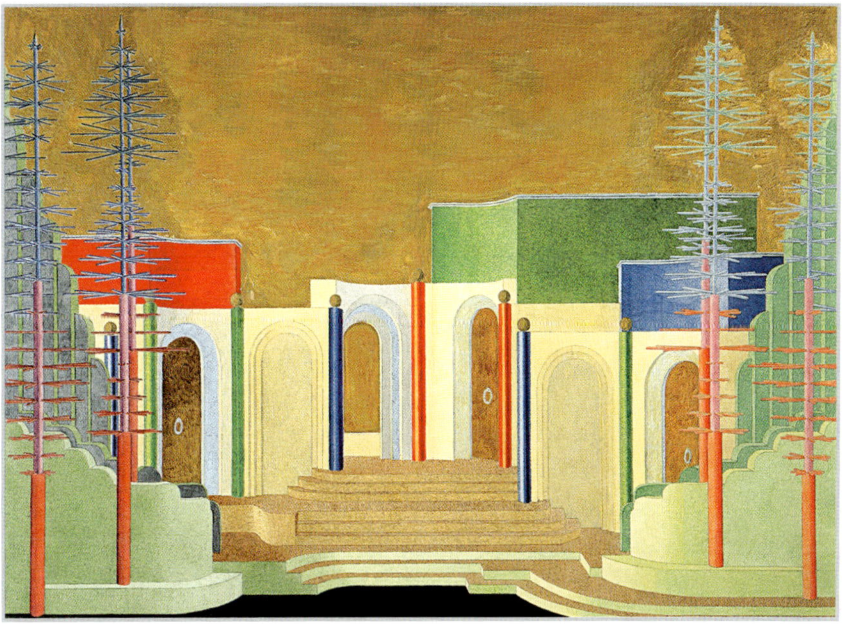

Oben: Sarastros Tempelbezirk kam 1929 in Ewald Dülbergs für die Berliner Kroll-Oper geschaffener Ausstattung im Stil der Neuen Sachlichkeit ohne Ägypten-Klischees aus. ▪ Unten: In David Pountneys »Zauberflöten«-Show der Bregenzer Festspiele (2013/14) fassten monströse Drachenhunde die Seebühne ein.

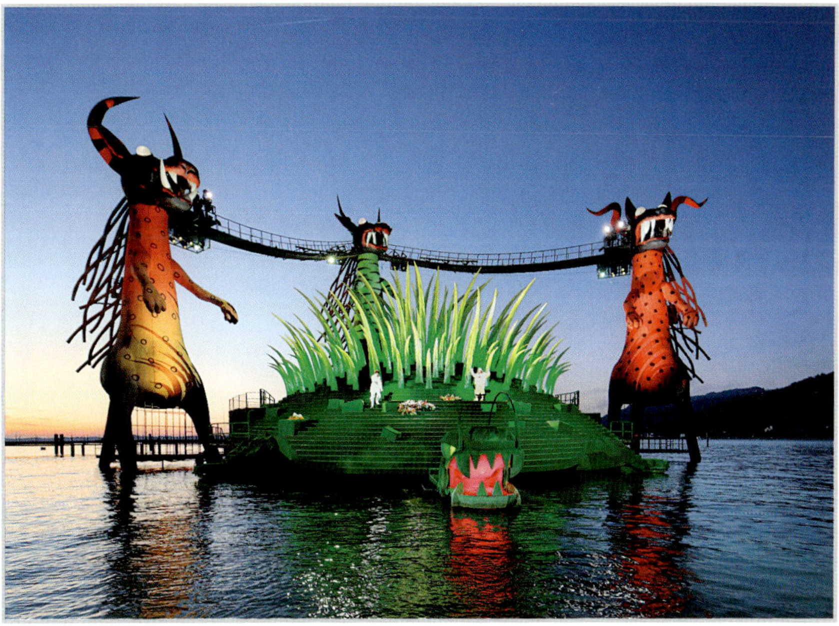

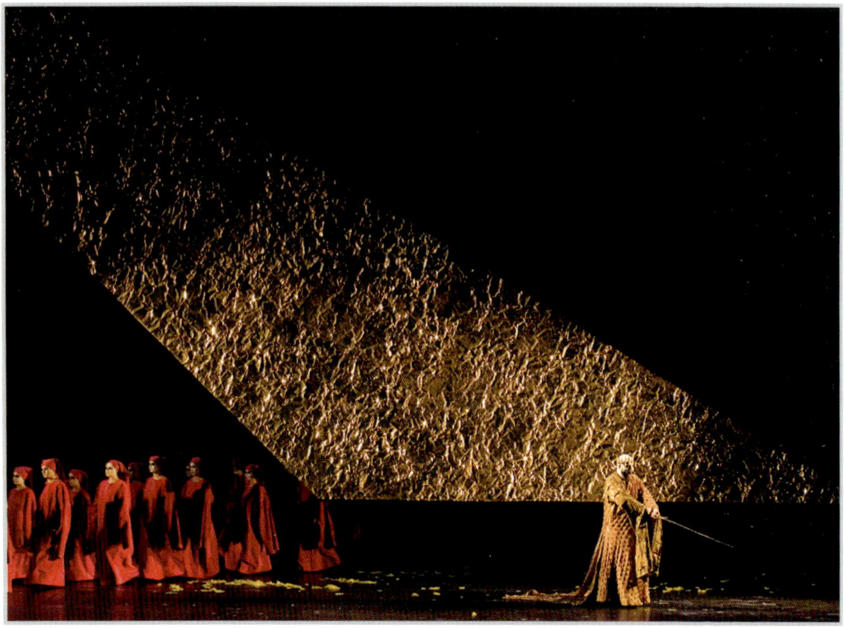

Oben: Zu guter Letzt rammt sich während der Salzburger Festspiele 2008 in der Inszenierung von Pierre Audi ein massiver Sonnenstrahl in den Boden, und Sarastro (Franz-Josef Selig) weist ihm den Weg. ▪ Unten: Pamina (Sandrine Piau) und Tamino (Topi Lehtipuu) 2011 auf dem Weg durch Feuer und Wasser in William Kentridges unter anderem in Paris gezeigter Inszenierung.

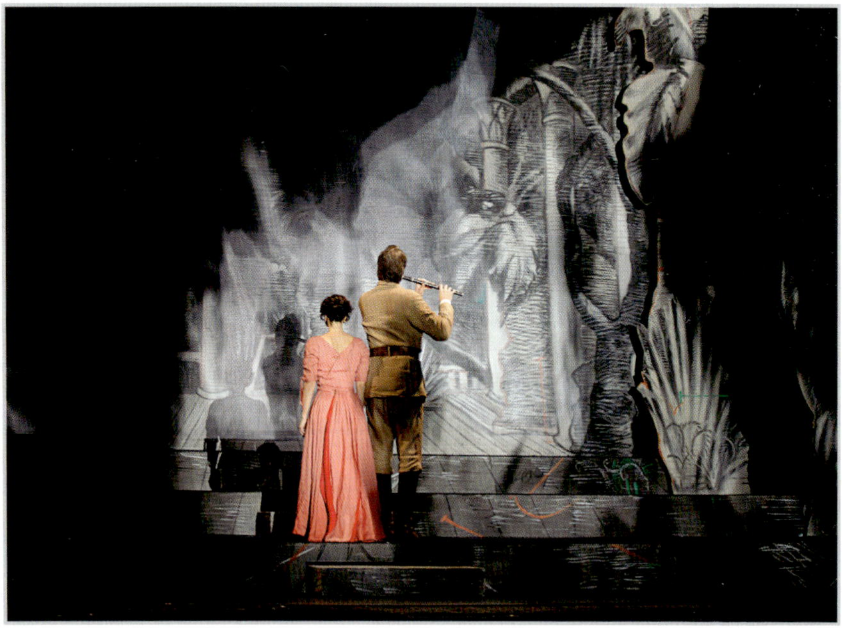

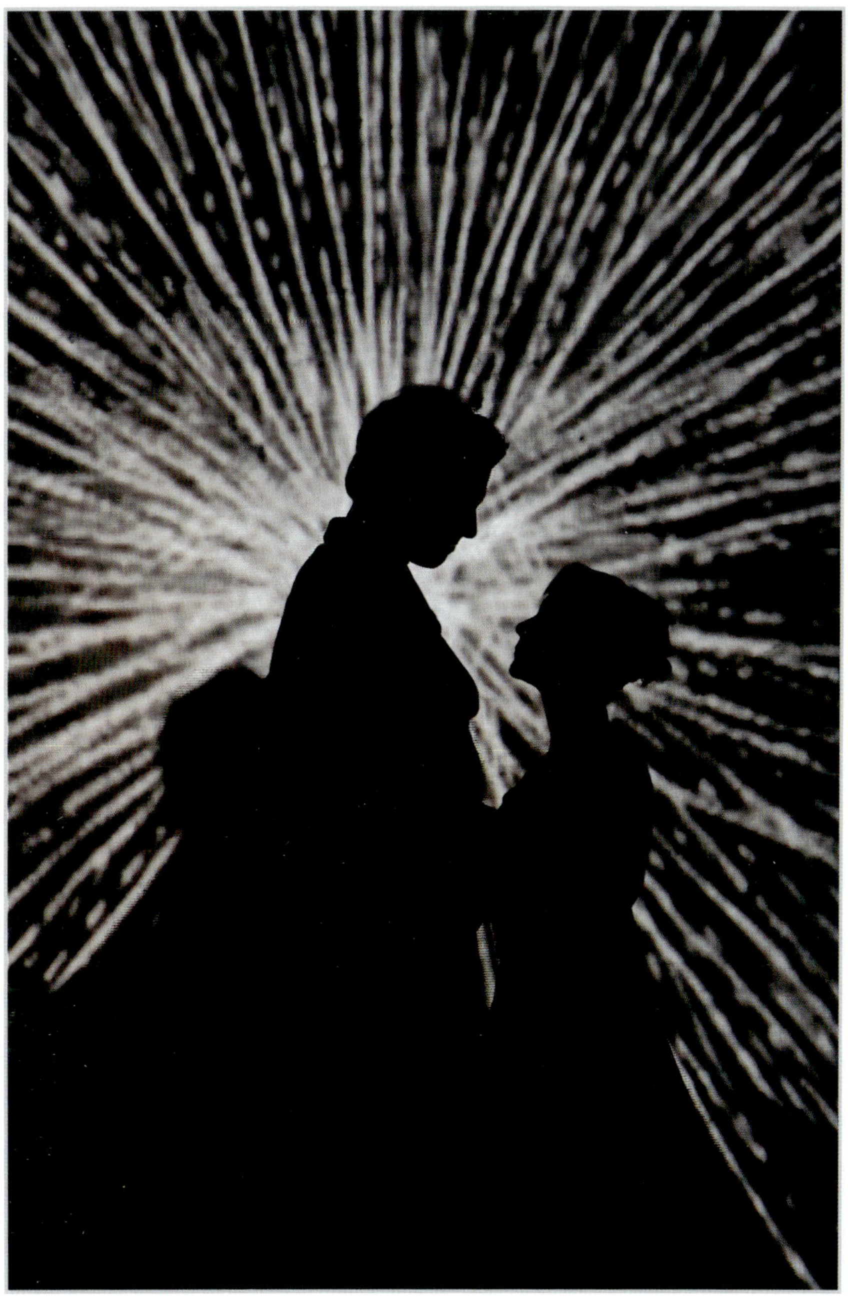

Nein, das sind nicht Wagners Nachtschwärmer Tristan und Isolde, sondern abermals Pamina (Sandrine Piau) und Tamino (Topi Lehtipuu), von Regisseur William Kentridge 2011 in Paris ins Gegenlicht der Sonne gestellt.

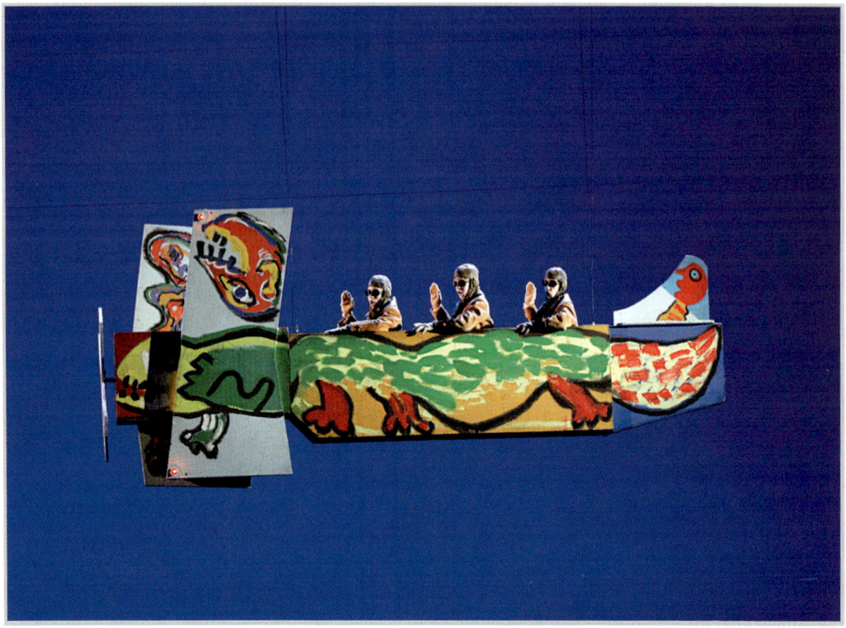

Oben: Wer winkt denn da aus dem Flugzeug? Drei Solisten der Wiener Sängerknaben in Pierre Audis Salzburger Festspiel-Inszenierung von 2006. ▪ Unten: Edith Mathis (Pamina) und Franz Crass (Sarastro) im 1. Akt von Günther Rennerts Münchner Produktion von 1970, in der zum allerersten Mal auf einer Opernbühne Laserstrahlen zum Einsatz kamen.

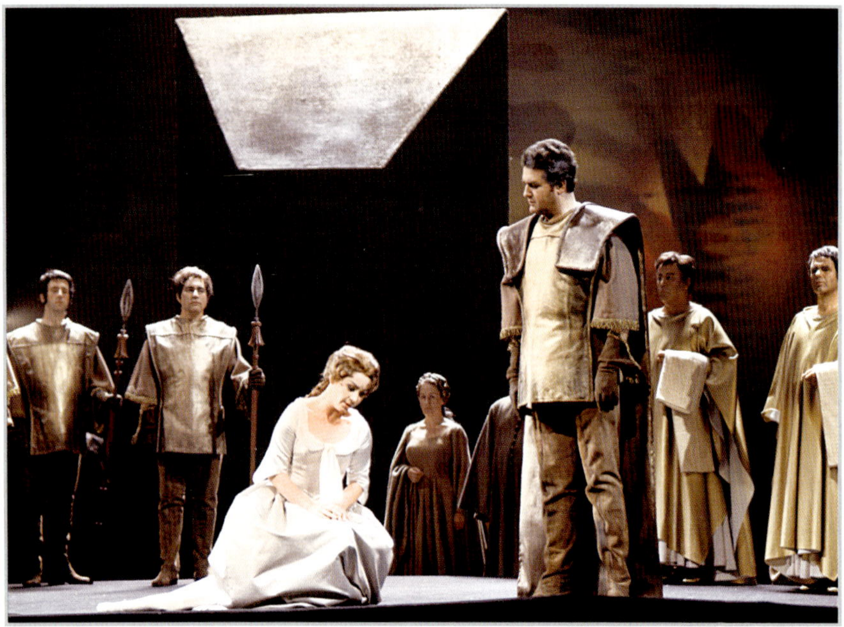

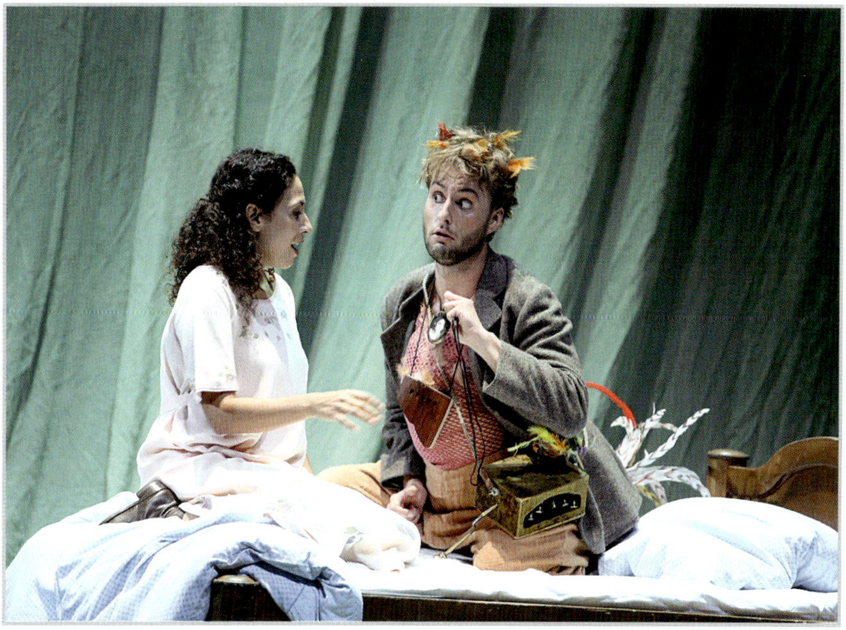

Oben: Pamina (Juanita Lascarro) und Papageno (Björn Bürger) plaudern über die Liebe (Frankfurt 2013) in der seit 1998 gezeigten Inszenierung Alfred Kirchners. ▪ Unten: Die Königin der Nacht (Lyubov Petrova) und Pamina (Amy Carson) im Ersten Weltkrieg: In Kenneth Branaghs filmischer »Zauberflöten«-Adaption von 2006 wird auch sonst mit harten Bandagen gekämpft.

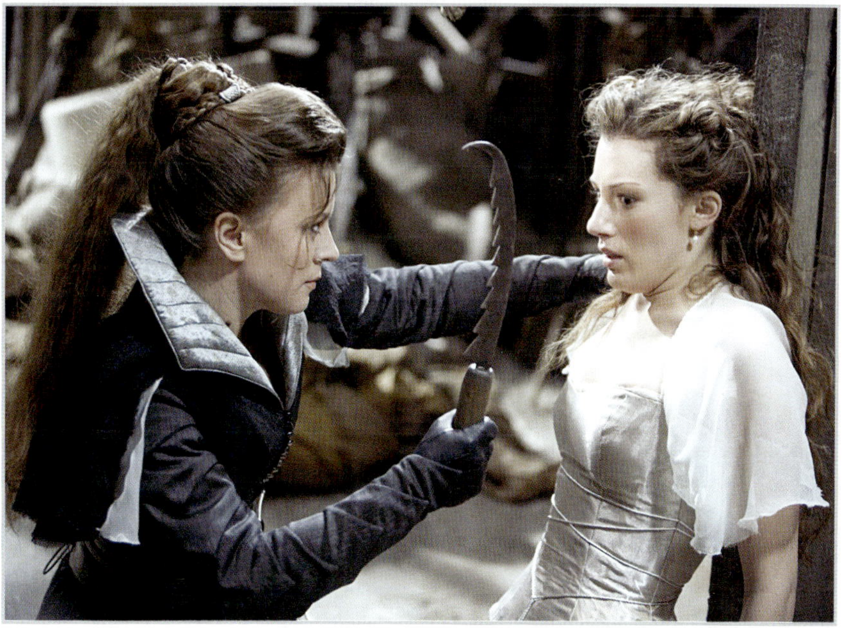

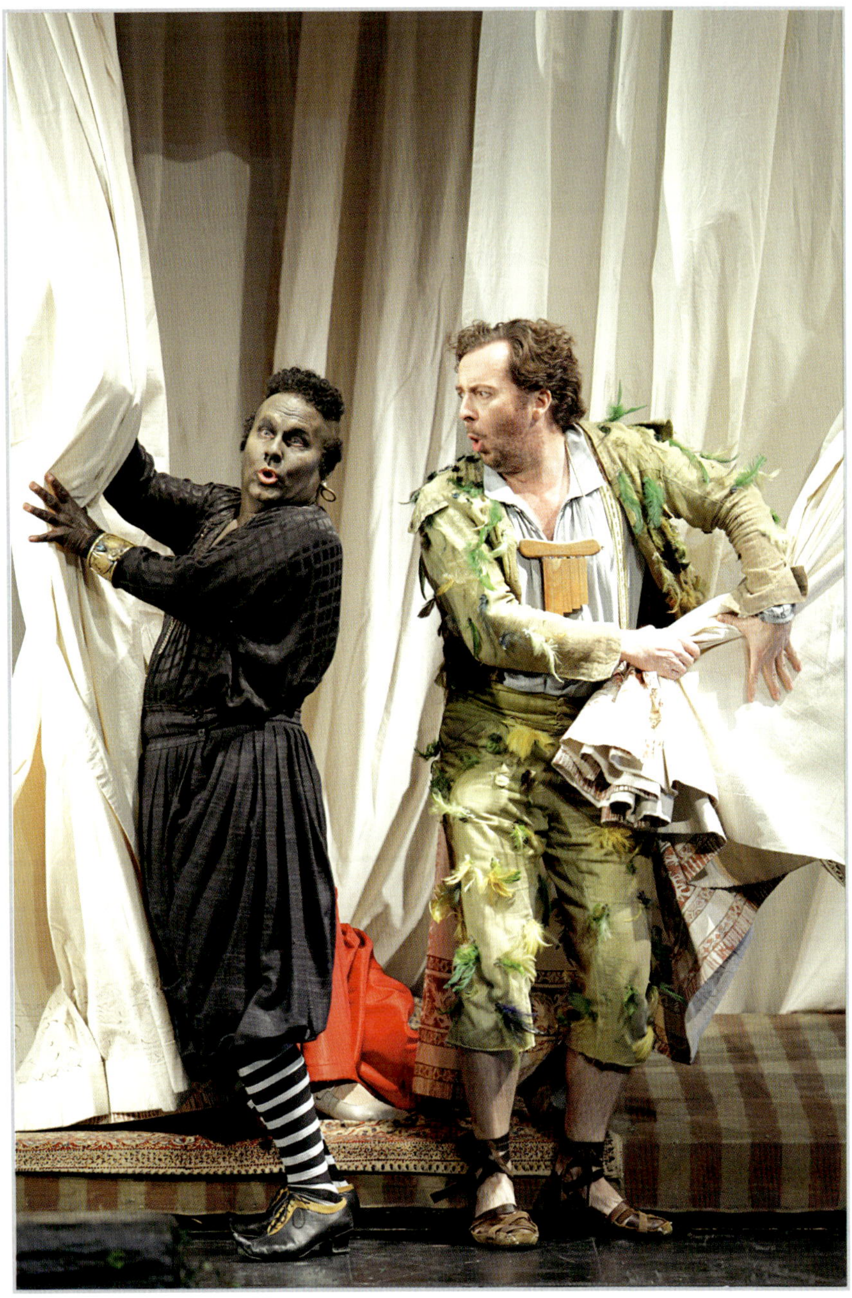

»Das ist der Teufel sicherlich«: Monostatos (Kevin Conners) und Papageno (Christian Gerhaher) erschrecken 2011 in August Everdings Münchner »Zauberflöte« voreinander. Die Produktion ist seit 1978 ein Publikumsmagnet der Bayerischen Staatsoper.

Coda Pamina die Gelegenheit zur Einfügung zweier das Duett verklärender Jubelkoloraturen gibt, die nach b^2 ausgreifen und zum c^1 hinabführen. Vielleicht fasst ja Pamina im Singen dieser Koloraturen den Entschluss, sich auf das Liebesabenteuer mit dem unbekannten Prinzen Tamino einzulassen? Jedenfalls wird bereits in diesem intimen Duett Paminas Fähigkeit, über sich selbst hinauszuwachsen, erahnbar.

Das erste Finale Nr. 8: In der Feierlichkeit der Tempelsphäre zum ekstatischen »Sturmmarsch«

Die Eingangsszenen des Finales, die den Fokus auf Tamino und seine Abkehr von der Königin der Nacht richten, müssen wir uns zeitgleich mit den unmittelbar vorausgegangenen Szenen um Pamina denken. Und dass wir uns nun in einem sakralen Bezirk befinden, wird nicht nur im Bühnenbild mit den drei Tempeln wahrnehmbar, sondern auch in der Musik: Zum ersten Mal seit der Ouvertüre kommen die Posaunen zum Einsatz, zurückgenommen ins Piano und im Verbund mit Pauken und Trompeten, die mit Dämpfern versehen sind. Hier wird diese sakrale Klanglichkeit – übrigens zum einzigen Mal – mit den drei Knaben zusammengebracht, was zumindest das Publikum verwundern sollte: Waren die drei Knaben nicht von der Königin als Taminos und Papagenos Schutzgeister eingesetzt worden? Nun aber scheinen sie mit den Priestern unter einer Decke zu stecken. Tamino, ganz auf Paminas Rettung fixiert, macht sich hingegen derlei Ge-

Finale des 1. Akts: Gliederung

a) Larghetto: Drei Knaben, Tamino »Zum Ziele führt dich diese Bahn«, C-Dur
b) Rezitativ: Tamino, Eine Stimme, Erster Priester, Männerchor »Die Weisheitslehre dieser Knaben«, nach a-Moll führendes Modulationsgeschehen
c) Andante: Tamino »Wie stark ist nicht dein Zauberton«, C-Dur
d) Andante: Pamina, Papageno, Monostatos, Sklaven »Schnelle Füße, rascher Mut«, G-Dur
e) Allegro maestoso: Chor, Papageno, Pamina »Es lebe Sarastro«, C-Dur
f) Larghetto: Pamina, Sarastro »Herr, ich bin zwar Verbrecherin!«, F-Dur
g) Allegro: Monostatos, Tamino, Pamina, Chor, Sarastro »Na, stolzer Jüngling; nur hieher!«, F-Dur
h) Presto: Chor »Wenn Tugend und Gerechtigkeit«, C-Dur

Steckbrief: Die drei Knaben

»Jung, schön, hold und weise« seien sie, so die Auskunft der drei Damen, als sie Tamino und Papageno die drei Knaben als Reisebegleiter in Sarastros Reich ankündigen. Obwohl hier nur von ihnen die Rede ist, hat die Musik, wenn über dem Pizzicato der Streicher in sanftem Bläsersatz eine anmutige Melodie anhebt, den Liebreiz dieses Knabentrios bereits eingefangen. Solch eingängige Sanglichkeit sowie der weitgehende Verzicht auf dunkle Orchesterfarben und die Kontrabässe bleiben für die Musik der drei Knaben typisch. Geradewegs vom Himmel scheinen sie herabzuschweben, weshalb ihr bevorzugtes Fortbewegungsmittel eine Flugmaschine ist, deren erstmaliger Einsatz im 2. Akt Mozart zu einem duftigen, wie mit dem Aquarellpinsel hingetupften Auf und Ab in den Geigen inspirierte. Und so mögen die drei Knaben Rokoko-Nachfahren jener Putten sein, die in den Barockkirchen ihr unschuldiges Wesen treiben.

Der engelhaften Eigenart der *Zauberflöten*-Knaben ist aber ein ernsthafterer Zug eigen als den verspielten Himmelskindern in den Kirchen. Denn die drei Knaben handeln wie Schutzengel und sogar als Nothelfer. So sind sie es, die Pamina und Papageno vom Selbstmord abhalten. Gerade in den krisenhaften Zuspitzungen der *Zauberflöten*-Handlung wird deutlich, was das uneigennützige Anliegen der Knaben ist: diejenigen, die lieben, vor Schaden zu bewahren. Von dieser Maxime lassen sie sich leiten, hieraus resultiert ihre Einigkeit untereinander, und deshalb agieren sie auch nicht auf Geheiß Sarastros oder der Königin der Nacht, sondern aus eigenem Antrieb. Denn den Bruch, der durch die Welt der *Zauberflöte* geht, versuchen sie im Bündnis mit den Liebenden zu heilen. Und so vermitteln die Knaben im Ton heiterer Gelassenheit – zum einen ihren Schutzbefohlenen, zum anderen dem Publikum – vor allem *eine* Botschaft: Alles wird gut.

danken noch nicht, sodass ihn die Knaben vor ihrem Abgang gleich zweimal ermahnen müssen, »standhaft, duldsam und verschwiegen« zu sein.

Doch Taminos Ent-Täuschung im ursprünglichen Wortsinn folgt auf dem Fuß. Zwar lautet die Maxime seines Handelns nach wie vor »Paminen retten ist mir Pflicht«, doch alle anderen Gewissheiten sieht Tamino nun infrage gestellt. Nichts passt mehr. Sarastros Burg gleicht – die Tempel zeigen es – keiner Räuberhöhle; und Tamino wird, nachdem ihm der Einlass in die Tempel von einer Stimme aus dem Off verwehrt worden ist, mit einem Mann konfrontiert, dem er Redlichkeit nicht absprechen kann. Wir befinden uns in jener seinerzeit enorm avantgardistischen

Szene, die Musikgeschichte geschrieben hat, weil sie von den deutschen romantischen Komponisten für ihren Weg hin zur durchkomponierten Oper sozusagen als Mozarts Zukunftsmusik vereinnahmt wurde.

In der Literatur firmiert sie aufgrund einer Personenverwechslung als Sprecherszene. Tatsächlich aber setzt sich Tamino hier nicht mit dem Sprecher, sondern mit dem Ersten Priester auseinander. Dies geschieht nach Mozarts eigener Bezeichnung im Rezitativ. Damit ist das bis dato Unerhörte dieser Szene jedoch nur unzureichend beschrieben, denn ungemein plastische Orchestereinwürfe illustrieren den Fortgang der Szene. Wenn etwa Tamino an die Türen der Tempel tritt, erklingt wiederholt eine aus einem Triller hinabstürzende Akkordfigur in den Geigen. Solche gestischen Momente und Kommentierungen aus dem Orchester kannte die Gattung zwar schon in den Accompagnati früherer Opern, hinzu kommt aber eine Neuerung: Zu den Rezitativen mit ihrer ausgefeilten Rhetorik treten nämlich erstmals ausdrucksstarke Arioso-Passagen, ohne jene für den Rezitativgesang typische Formelhaftigkeit. Beispielsweise antwortet Tamino auf die Frage des Priesters, was er im Heiligtum zu suchen habe, mit einem wunderbar lyrisch gehaltenen Rätselwort: »Der Lieb' und Tugend Eigentum«.

Beispiel 10

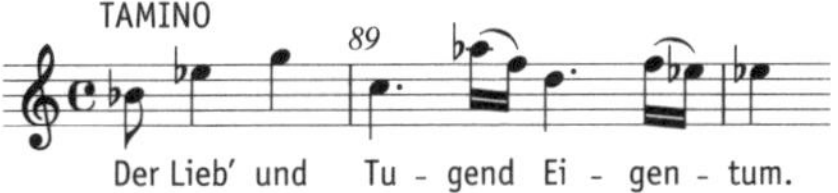

Der Priester mag vielleicht vermuten, dass es Tamino, weil er an den Weisheitstempel geklopft hat, danach verlange, ein weiser Mann zu werden. Doch damit würde der Handlung vorgegriffen. Noch sind wir nicht so weit. Tatsächlich entschlüsseln der lyrische Duktus und auch die Tonart Es-Dur den tieferen Sinn von Taminos Antwort. Er hofft im Tempel zu finden, wen er für den Inbegriff von »Lieb' und Tugend« hält: seine Idealfrau, deren Bildnis ihn begeistert und sein Herz gerührt hat. Kurzum: Tamino hofft auf niemand anderes zu treffen als auf die gefangengehaltene Pamina. Erst in der Folge wird er sich auf den Weisheitspfad begeben, weil er an den widersprüchlichen Aussagen über Sarastro – von der Königin zum einen, von dem Priester zum anderen – zu verzweifeln droht. Und Mozart fasst Taminos Krisensituation in eine Musik von solch harmonischer Unbeständigkeit, dass ihre Analyse den Rahmen dieses Opernführers sprengen würde. Es ist gerade so, als habe unser Held die tonartliche Orientierung verloren. Eine schmerzliche Seufzerwendung in den Geigen, immer von der fallenden Sext ausgehend, wird zum Signum von Taminos Leiden an der Ungewissheit und prägt schließlich auch seine Gesangslinie, wenn er sich nachdenklich fragt: »O ew'ge Nacht! Wann wirst du schwinden?« Doch zuvor schon hat ihm der Priester ein die Unterredung beendendes Angebot unterbreitet: Klarheit könne Tamino nur gewinnen, wenn er sich den Priestern anschließe. Dieser Bescheid stützte sich auf eine sanft herabgleitende a-Moll-Phrase der Celli.

Beispiel 11

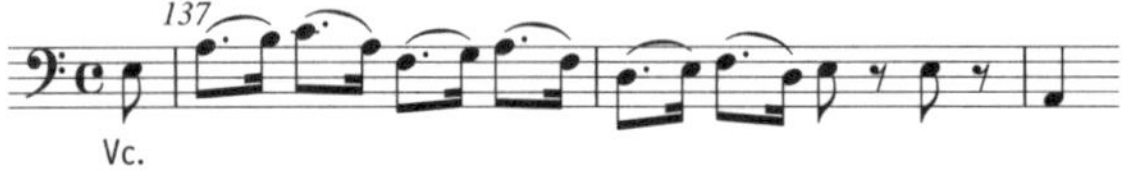

In diese Cello-Phrase singen die unsichtbar bleibenden Priester sotto voce ihre Antwort auf Taminos Frage nach dem Wann seiner Erleuchtung hinein, und die priesterliche Auskunft tönt, von den Piano-Posaunen in geheimnisvolles Licht getaucht, wie aus einer anderen Welt: »Bald, bald, Jüngling, oder nie!« – eine geradezu mystische Klanginszenierung des *Zauberflöten*-Leitworts »bald«. Doch zurück zur Szene: In ihr dämmert es Tamino allmählich, dass er sich im Konflikt zwischen Königin der Nacht und Sarastro für eine Seite wird entscheiden müssen. Sein überschwänglicher Dank an die von ihm für »Allmächtige« gehaltenen Priester, weil sie ihm ein Lebenszeichen Paminas gegeben haben, lässt erkennen, welche Richtung er einschlagen wird. Dass er den Priestern zum Dank auf der Zauberflöte ein kleines Konzert gibt, ist eine seltsame Wendung der Handlung. Indem aber in der C-Dur-Arie »Wie stark ist nicht dein Zauberton« sich trotz der konzertierenden Anlage der Komposition Flöten- und Gesangspart nie überschneiden, ist die Illusion perfekt, Tamino selbst würde die Flöte spielen. Das mochte für die Uraufführung umso mehr gegolten haben, sollte stimmen, was in der Forschung allerdings umstritten ist: dass nämlich der Premieren-Tamino Benedikt Schack selbst ein versierter Flötist war. Dann hätte er das Zauberinstrument sicher korrekt gehalten.

Der dramaturgische Zweck der Arie besteht darin, durch den Klang der Flöte Pamina und Papageno Taminos Aufenthaltsort zu signalisieren. Darüber hinaus wird nun aber eine Grundidee des Werks evident: die besänftigende Macht der Musik. Denn der Flötenklang lockt wilde Tiere herbei, ohne dass sie sich auf Tamino stürzen würden. Tamino agiert hier also wie ein zweiter Orpheus (siehe S. 27). Allerdings bricht die Arie nach ihrem G-Dur-Mittelteil während der C-Dur-Reprise des Anfangs plötzlich mitten im Vers ab und wendet sich zu der Textstelle »Doch nur

Pamina bleibt davon« nach c-Moll. Auf Taminos Enttäuschung darüber, dass die Zauberflöte nicht Pamina herbeigerufen hat, folgt dann ein reizvolles Frage-Antwort-Spiel zwischen der Zauberflöte und Papagenos Pfeifchen aus dem Background: Papageno ist also nahe. Und im jubelnden C-Dur-Presto-Schluss seiner Arie eilt Tamino davon, in der Hoffnung, nicht nur Papageno, sondern auch Pamina zu begegnen.

Etwas mehr Geduld, und Tamino wäre auf Papageno und Pamina getroffen. Die Zeitebenen der beiden Handlungsstränge sind nun wieder im Gleichlauf, und Pamina und Papageno liefern mit dem Duett »Schnelle Füße, rascher Mut« nun das komische Gegenstück zu Taminos empfindsamer Suche nach ihnen. Wie in den Szenen um Monostatos handelt es sich abermals um Action-Music in Echtzeit, deren hüpfender Bewegungsimpuls in zügigem Tempo die Flucht der beiden vergegenwärtigt. Rief vorher Tamino nach Pamina, so sie nun nach ihm. Das Frage-Antwort-Spiel läuft nun gerade andersherum, zuerst Papagenos Pfeifchen, dann Taminos Flöte. Und wenn der Schluss des Refrains »nur geschwinde, nur geschwinde, nur geschwinde« von dem wie ein Springteufel plötzlich auftauchenden Monostatos nachgeäfft wird, verdanken wir diesen spaßigen Effekt Mozart, der hier eine Texterweiterung vorgenommen hat.

Die humoristische Parallele zu Taminos Arie läuft aber weiter. Denn auf Taminos erstmaligen Einsatz der Zauberflöte folgt nun der Ersteinsatz der Zauberglöckchen durch Papageno, im Streicher-Pizzicato klanglich vorbereitet. Es ist dann das Glockenspiel, das, weiterhin vom Pizzicato begleitet, den Tanz von Monostatos und den von ihm herbeigerufenen Sklaven initiiert. Die Sklaven und ihr Aufseher mögen zwar über das Wunder, das ihnen gerade widerfährt, entzückt sein. Freilich handelt es sich um einen Zwangstanz, der sie wie Automatenfiguren von der Bühne treibt. Im Gegensatz dazu konnten sich Taminos wilde Tiere, vom Ton der Zauberflöte angezogen, ungebunden bewegen. Pamina und Papageno wiederum bringt das kuriose Verschwinden ihrer unter Tanzzwang stehenden Verfolger zum Lachen. Mozart lässt die beiden während des Duetts »Könnte jeder brave Mann solche Glöckchen finden« eine Zeit lang sogar im Kanon singen, wenn sie in der Würdigung der Glöckchen darin übereinstimmen, dass derlei Zauberdinge bei größerer Verbreitung zu allgemeiner Harmonie beitragen würden.

Der Umschlag der Handlung kündigt sich mit Pauken und Trompeten in C-Dur und mit dem Chor aus dem Off an: Sarastros Rückkehr von der Jagd vereitelt die Flucht. Papagenos Verzagtheit – »O wär' ich eine Maus, wie wollt' ich mich verstecken« – scheint nach dem, was bislang über Sarastro bekannt ist, dem unvoreingenommenen Publikum verständlich. Umso mehr erstaunt Paminas Mut, sich der neuen Situation zu stellen. Die ist freilich alles andere als beruhigend. Unter allgemeinem C-Dur-Jubel und von seinem Volk als »Abgott« gepriesen, fährt Sarastro auf einem Triumphwagen, der von sechs Löwen gezogen wird, herein: offensichtlich ein Naturbändiger, der mit wilden Tieren einen anderen Umgang pflegt als etwa vorhin noch Tamino. Pamina aber lässt sich nicht einschüchtern. Eingeleitet von einer entschlossenen punktierten Akkordfigur in F-Dur, die auf das Prüfungssignal (Beispiel 4) im 2. Akt vorauszuweisen scheint, fordert Pamina Rechenschaft von Sarastro wegen ihrer unmöglichen Haftbedingungen und verteidigt gegen ihn ihre Mutter, auch wenn ihr Sarastro wiederholt und barsch das Wort abschneidet.

Wir kennen dieses Profil einer mutigen Frau bereits aus einer anderen Mozart-Oper, nämlich von Konstanze aus der *Entführung aus dem Serail.* Und den gleichen Mut bringt eine Protagonistin des klassischen Schauspielrepertoires auf, die Titelheldin aus Goethes *Iphigenie auf Tauris*, die dort gemeinsam mit ihrem Bruder Orest von König Thoas gefangen gehalten wird und diesem entgegenhält: »Verdirb uns, wenn du darfst.« Nicht anders als der Bassa Selim aus der *Entführung* und Goethes Thoas reagiert Sarastro durchaus mit Behutsamkeit auf Paminas Entrüstung – für den unvoreingenommenen Betrachter ein wichtiges Indiz, dass eine abschließende Beurteilung dieses Mannes noch nicht möglich ist.

Der nächste Schub im Finale ergibt sich daraus, dass Monostatos zur Textstelle »Na, stolzer Jüngling; nur hieher!« den gefangen genommenen Tamino hereinführt. Musikalisch ist dieser F-Dur-Abschnitt von einem eilenden Allegro-Thema in den Geigen geprägt, das diese handlungsreiche Episode strukturiert.

Beispiel 12

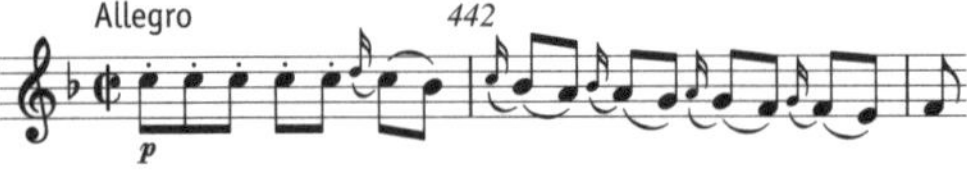

Wie in den Rondos seiner Instrumentalmusik setzt Mozart das Thema in verschiedenen Tonarten ein. Nicht einmal Taminos und Paminas erstes Aufeinandertreffen darf das zügige Tempo des Themas – hier in C-Dur – drosseln. Dass es sich bei den beiden um Liebe auf den ersten Blick handelt, ist für Mozart offenbar eine Selbstverständlichkeit, die kein romantisches Innehalten erfordert. Umso deutlicher fällt ins Ohr, dass Sarastros Jubel-Entourage auf Taminos und Paminas Umarmung mit c-Moll-Entrüstung reagiert: »Was soll das heißen?« Doch es bleibt keine

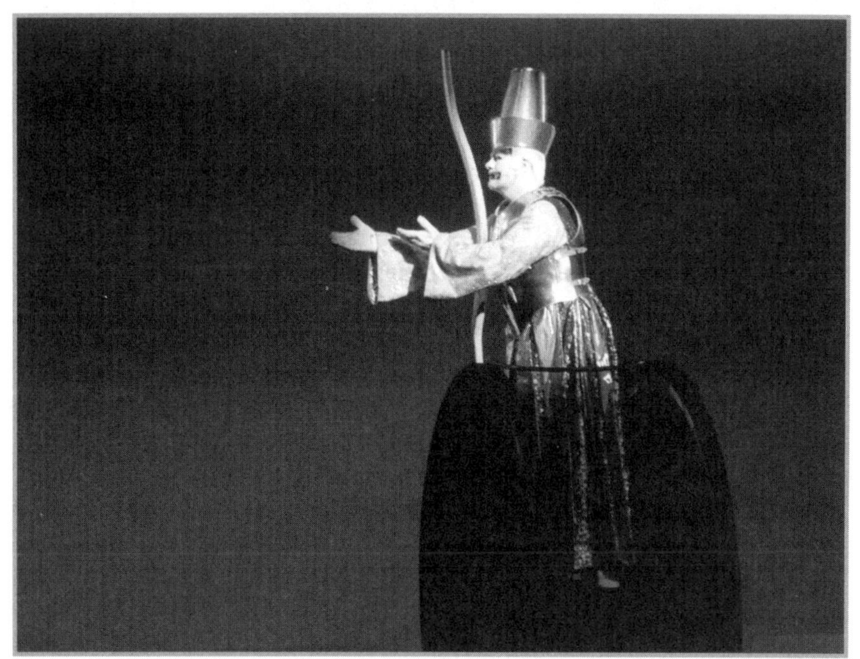

Zeit, sich über solch spießiges Empörungsgehabe zu wundern, die Musik lässt kein nachdenkliches Innehalten zu, und ebenso geschwind wird das Geschehen um die von Sarastro nicht ohne Zynismus verfügte Bestrafung des Monostatos musikalisch abgehandelt. Erst Sarastros Befehl, Tamino und Papageno für den Eintritt in den Prüfungstempel vorzubereiten, gewährt eine Atempause: ein kurzes Rezitativ, abermals eingeleitet von punktierten Akkorden, die das Prüfungssignal des Folgeakts zu antizipieren scheinen. Danach aber bricht sich im Presto ein ekstatischer C-Dur-Gesang des Chores Bahn, der dem Walten von »Tugend und Gerechtigkeit« das Potenzial zuspricht, die Erde in ein »Himmelreich« zu verwandeln.

Salzburger Festspiele 1999: Sarastro (Franz-Josef Selig) ist in der Wundertheater-Inszenierung von Achim Freyer bogenbewehrt von der Jagd zurückgekehrt.

Bereits das C-Dur-Schluss-Presto aus Taminos Arie im ersten Teil des Finales beinhaltete eine Hoffnung, nämlich Pamina aufzufinden. Und auch hier ist ein künftiger Glückszustand gemeint. Und um den zu erreichen, wird nichts weniger angeschlagen als das rasende Tempo eines Sturmmarsches. Wir Spätergeborenen sehen hier Beethoven vor der Türe stehen und lauschen, den Elan seiner Finalsätze mit ihren rasanten Schlusspassagen voraushörend.

Der Marsch Nr. 9 samt Prüfungssignal, die Chor-Arie Nr. 10 »O Isis und Osiris« und das Duett Nr. 11 »Bewahret euch vor Weibertücken«: Zeremoniell, Liturgie und ironischer Nachklapp

Der 2. Akt bietet als Hauptstrang der Handlung das dreistufige Prüfungsgeschehen um Tamino und Papageno. Dies wird gleich zu Beginn des Aktes deutlich, indem wir mit einem Musikgenre konfrontiert werden, das bislang in der *Zauberflöte* lediglich in der Ouvertüre mit der Antizipation des feierlichen Prüfungssignals (Beispiel 4) und in der Priesterszene angeklungen ist. Gemeint ist die *Zauberflöten*-Sakralmusik mit ihren andernorts bereits beschriebenen Charakteristika. Nach Öffnung des Vorhangs beobachtet das Publikum ein quasi-liturgisches Geschehen, etwa einem Konklave vergleichbar. Sarastros Priester treten in einer Prozession zusammen, und der dazu erklingende Marsch mag ebenso wie das Bläsersignal seit jeher zum Zeremoniell der Priesterschaft gehört haben. Alles ist dazu angetan, von Maß, Feierlichkeit, Würde, Erbaulichkeit und Gelassenheit einen Eindruck zu geben. Und so tönt aus dieser weihevollen Musik die Selbstinszenierung der Priesterschaft und ihre Selbstidealisierung.

Mit Sarastro als Vorsänger und den Priestern als Refrainensemble greift Mozart in der zweistrophigen Arie Nr. 10 »O Isis und Osiris« überdies die gottesdienstliche Praxis des responsorialen Wechselgesangs auf. Hier ist die Klanglichkeit noch zurückhaltender als im Marsch, indem Geigen und hohe Holzbläser schweigen. Trotz der Wortausdeutungen, etwa Sarastros tiefes *F* bei »Grabe« (T. 35), dient auch diese Gebetsarie nicht zur unmittelbaren Selbstaussprache wie etwa in den zahlreichen Gebeten des romantischen Opernrepertoires. Sie gehört vielmehr im Sinne einer Fürbitte, in der der göttliche Beistand für die Prüflinge Tamino und Papageno erfleht wird, zum zeremoniellen Bestand der priesterlichen Zusammenkünfte.

Somit würde uns die Musik des 2. Akts Sarastros Priesterschaft durchweg als homogenes Kollektiv vor Ohren führen, wäre da nicht jenes entzückende, gerade 25 Takte umfassende C-Dur-Duett Nr. 11, in dem das priesterliche Beaufsichtigerpaar Tamino und Papageno warnt: »Bewahret euch vor Weibertücken.« Hier ging Mozart der misogyne Zungenschlag der Priester offenbar zu weit: Wenn sie die Moritat vom Ende eines Mannes, den weibliche List ruiniert habe, zum Besten geben, schlagen sie nämlich den unbekümmerten Ton eines Bänkellieds an. Vor allem das Liedfazit »Tod und Verzweiflung war sein Lohn« hatte es dem Sprachironiker Mozart angetan. Das zeigt nicht nur ein Brief Mozarts an seine Frau Constanze, wo er just diesen Vers zitiert, sondern auch der fidele Hüpf-Rhythmus, mit dem Mozart diesen absonderlichen Todesfall kom-

Steckbrief: Sarastro

Wir müssen uns nicht die Abneigung der Königin der Nacht gegenüber Sarastro zu eigen machen, dem sie den Besitz des siebenfachen Sonnenkreises neidet und der ihre Tochter Pamina entführt hat. Doch auch ohne den parteiischen Blick der Königin bleibt ein Unbehagen: Warum diese verächtlichen Worte, mit denen er Paminas Mutter – und die Frauen insgesamt – herabsetzt? Und dann noch dieser Zynismus, mit dem Sarastro die Bestrafung des übergriffig gewordenen Monostatos anordnet: Wie konnte er überhaupt einen solchen Psychopathen zu Paminas Aufpasser machen? War er schlecht informiert? Das ist kaum zu glauben. Denn in Sarastros Reich haben die Wände Ohren: Sogar über Paminas erwachende Liebe zu Tamino ist er schneller im Bilde als Pamina letztlich selbst, sodass er ihr bewusst macht: »Du liebest einen andern sehr.«

Auf diesen kurzen Augenblick, als er auf Paminas Gemütslage mit geradezu anrührender Sanftheit reagiert, aber wollen wir genauer schauen: Hier nämlich gewinnen wir Einblick in Sarastros ansonsten sorgsam verschlossenes Innenleben, und wir nehmen ihn als einen Liebenden wahr, der entsagt. Ohnehin gab ihm Pamina keinerlei Hoffnung auf Gegenliebe. Doch nun, da Tamino ins Spiel kommt, resigniert Sarastro, ohne viele Worte darüber zu verlieren. So ist es einzig die Sorge um Pamina, die Sarastros Mitmenschlichkeit aufscheinen lässt und glaubhaft macht: Um ihr die Angst vor seiner etwaigen Rache an der Mutter zu nehmen, versichert er Pamina, dass er das Ideal der Feindesliebe verinnerlicht habe. Ja, seine Sorge um Pamina erhält sogar eine dramatische Ausprägung, als das Einweihungsritual Tamino zum letzten Lebewohl zwingt: Es ist, als wolle Sarastro hier die Prüfung hintertreiben, indem er der entsetzten Pamina verständlich zu machen versucht, dass es dennoch ein Wiedersehen geben werde. Jedoch dringt er gar nicht mehr zu ihr durch, sie steht bereits unter Schock. Aus all dem wird erkennbar: Zwar strahlt Sarastro wie in den zeremoniellen Pflichten gegenüber den Göttern so im öffentlichen Auftreten als Herrscher Maß, Unnahbarkeit und Würde aus. Das ist aber nur die Außenseite. Tatsächlich steht er unter innerem Druck. Denn auch er muss sich als Mensch bewähren – durch den Verzicht auf Pamina.

mentiert. Die Posaunenbegleitung erweist sich in solch fröhlicher Stimmungslage als leere Drohung. Ebenso wird man den beiden Priestern dank ihres hüpfenden Abgangs zum Orchesternachspiel zugutehalten, dass nicht einmal sie selbst ihr frauenfeindliches Gefasel für bare Münze

Steckbrief: Die Priester

Wenn sie nur sängen, wäre ja nicht viel gegen Sarastros Priester einzuwenden. Man wird etwa jenem nachdenklichen Priester, der den zweifelnden Tamino von der Redlichkeit Sarastros zu überzeugen versucht, gewiss keine finsteren Absichten unterstellen. Und wenn Taminos und Papagenos priesterliche Begleiter ihre Zöglinge vor »Weibertücken« warnen, nimmt der Hörer amüsiert zur Kenntnis, dass dieses Priesterpaar bei Verkündigung misogyner Ordensgrundsätze offenbar nicht recht ernst bleiben kann. Vermutlich geht den beiden die bornierte Frauenfeindlichkeit ihrer Gemeinschaft längst schon auf die Nerven. Auch wenn sich das Priesterkollektiv in feierlichem Chorgesang an Isis und Osiris wendet, um göttlichen Schutz für die Probanden Tamino und Papageno zu erflehen, nimmt man den Priestern ab, dass sie an ihre Ideale zur Verwirklichung einer vernünftigen und aufgeklärten Gesellschaft glauben. Allerdings hat der priesterliche Erziehungsdrang einen Haken: In ihren Methoden sind diese Herren nämlich nicht gerade zimperlich. Letztlich verhängt dieser elitäre Altherrenverein – man kann sich Sarastros Schar eigentlich nur in Ehren ergraut denken – über Personen ihrer Wahl Zwangsbeglückungsmaßnahmen, und es steht bei diesen in salbungsvoller Phrasendrescherei sich gefallenden Oligarchen noch nicht einmal zur Debatte, wer oder was sie eigentlich dazu berechtigt. Selbstkritik ist also ihre Sache nicht. So wird noch nicht einmal ein lebensgefährliches Einweihungsritual wie die Feuer- und Wasserprobe grundsätzlich hinterfragt, und ohne mit der Wimper zu zucken, werden kriminelle Handlungen – im Falle Paminas Kidnapping, im Falle Papagenas Zwangsverwahrung – rigoros durchgezogen: Der gute Zweck heiligt ja die Mittel. Dass eine Aufklärung ohne Rücksicht auf Verluste selbst der Aufklärung bedarf, diese Lehre erteilt den Priestern schließlich eine auf eigene Faust handelnde Frau: Pamina.

genommen haben. Dass ausgerechnet diese unfeierliche Gesangsnummer den Prüflingen den Beginn ihrer Probezeit anzeigt, mag das Publikum verwundern. Aber ihre Janusköpfigkeit – hier die Erhobener-Zeigefinger-Pose des Textes, dort die leichtfüßige Musik – spiegelt sich alsbald im Verhalten der beiden Probanden: Der streberhafte Ernst Taminos, die ihm auferlegten Aufgaben mit Note Eins zu erledigen, stößt auf den subversiven Unwillen Papagenos, sich einem Ritual zu unterwerfen, das ihm aufgenötigt wurde.

Das Quintett Nr. 12 »Wie? wie? wie?«: Eine vergebliche Verführung

Das zeigt sich gleich darauf im G-Dur-Quintett, wenn Tamino und Papageno auf die drei Damen der Königin treffen. Es handelt sich eigentlich um eine Fortsetzung des Gesprächs im B-Dur-»Hm! hm! hm!«-Quintett des 1. Akts, jedoch unter neuen Vorzeichen. Denn Tamino zeigt den Damen nun die kalte Schulter, während Papageno für deren Einflüsterungen empfänglich ist. Mozart hat die drei Kommunikationshaltungen der Protagonisten plastisch herausgearbeitet durch eine virtuose Musikalisierung des jeweiligen Sprachfalls: Die Überredungstaktik der Damen setzt auf Angstmacherei und Schmeichelei; Tamino mimt den unbeteiligten Gesprächsverweigerer, wenn er nicht gerade Papageno zurechtweist; der ängstliche Papageno plappert mit Tamino und den Damen und vor sich hin. Wie im B-Dur-Quintett oder im 1. Finale sind die Anfangsteile des G-Dur-Quintetts durch ein mehrmals auftauchendes Ritornell-Motiv strukturiert:

Beispiel 13

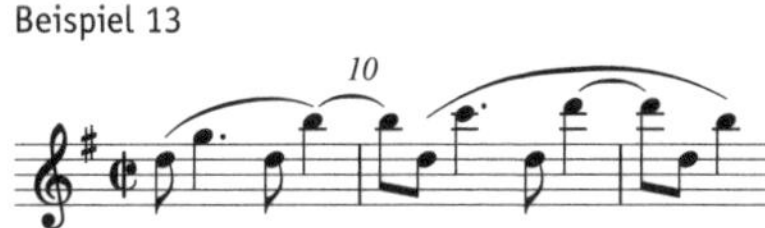

Und wie in der Parallelnummer aus dem 1. Akt verständigt sich das Ensemble auch hier auf ein moralisierendes Resümee: »Von festem Geiste ist ein Mann, er denket, was er sprechen kann«, das in punktiertem Rhythmus eine nachgerade tänzerische Schlusswendung nimmt. Diese auskomponierte Harmlosigkeit lässt den Nachschlag der Nummer umso überraschender erscheinen: In c-Moll verscheuchen die Rufe der Eingeweihten die Damen, die mit Weh-Geschrei im Fortissimo des Orchesters zu den schneidenden Dissonanzen von verminderten Septakkorden in den Boden sinken. Und es ist wie im Kasperltheater, wenn gleich darauf der erschrockene Papageno in komischer Parallele zu den drei Damen unter Wehklagen in g-Moll ebenfalls zu Boden geht. Nicht zuletzt diese parodistische Veralberung des Damensturzes zeigt, dass in der *Zauberflöte* Einfühlungsdramatik, die das Publikum mit den Protagonisten mitleiden lassen würde, nicht immer eine Rolle spielt. Stattdessen hebt die Musik in solchen Momenten auf das Zeichenhafte der Bühnenvorgänge ab, um das Publikum in die Position der interessierten Beobachter zu rücken. Zwar heischt die Musik auch hier nach der Aufmerksamkeit des Publikums, nicht aber nach dessen emotionaler Identifikation mit dem auf der Bühne agierenden Personal.

Die Arien Nr. 13 »Alles fühlt der Liebe Freuden«, Nr. 14 »Der Hölle Rache kocht in meinem Herzen« und Nr. 15 »In diesen heil'gen Hallen«: Selbstporträt, Selbstentäußerung und Beruhigungsgeste

Nach dem Szenenwechsel in den vom Mond beschienenen Garten steht drei Arien lang eine Person im Zentrum der Handlung, die gar nicht singt: Pamina. Mozart schuf für diese ungewöhnliche Konstellation ein Arien-Kleeblatt von erstaunlicher Unterschiedlichkeit. Die Tonarten – zuerst C-Dur, dann d-Moll, schließlich E-Dur – liegen weit auseinander, und die Instrumentierung könnte unterschiedlicher nicht sein. Da flackert über der pianissimo vorbeihuschenden Arie des Monostatos ein kühles, irritierendes Licht, denn ausschließlich hier in der *Zauberflöte* kommt die Piccoloflöte zum Einsatz. Das Mozart-Publikum mag darüber hinaus ihren Klang mit dem Orient assoziiert haben, da die Piccoloflöte zum Instrumentarium der seinerzeit modischen Janitscharen-Musiken gehörte, die den Hörern türkisches Flair vermitteln sollten. Die Wut-Arie der Königin der Nacht wiederum trumpft mit Pauken und Trompeten, heftigen Akzenten und scharfen dynamischen Gegensätzen auf, während in Sarastros Hallen-Arie ein weicher Streichersatz und die milden Tönungen von Fagotten, Flöten und Hörnern Gelassenheit und Ruhe verströmen.

An diesem Arien-Triplett lässt sich überdies zeigen, wie Mozart aus den sängerischen Fähigkeiten der Uraufführungsinterpreten wichtige Anregungen für sein Komponieren erhielt. So ist überliefert, dass Mozarts Monostatos (Johann) Joseph Nouseul, der vor allem als Schauspieler auftrat, über eine eher zurückhaltende Sprechstimme verfügte. Und gerade aus dieser Stimmschwäche schöpfte Mozart das Hauptcharakteristikum der Arie Nr. 13. Wenn Monostatos die ahnungslos schlummernde Pamina ansingt, geschieht dies so, »als wenn die Musik«, laut Regiebemerkung, »in weiter Ferne wäre.« Denn Monostatos will Pamina ja nicht wecken, sondern ihren Schlaf für seine unsittliche Annäherung ausnutzen. Und indem die Musik immer wieder auf das nervös um c^3 zirkulierende Anfangsmotiv zurückkommt, scheint Monostatos wie von einer fixen Idee besessen, als ob er von seinen unziemlichen Gelüsten auf Pamina nicht loskommen könne.

Zu dieser in die aphoristische Kürze eines zweistrophigen Lieds gedrängten Charakterstudie eines Psychopathen lässt sich kein größerer Gegensatz denken, als die Rache-Arie Nr. 14 der Königin der Nacht. Wieder ist Pamina – inzwischen erwacht – die Adressatin. Und Paminas stummes Spiel muss hinzugedacht werden, will man die menschliche Katastrophe erfassen, die sich in dieser Arie ereignet: die Abkehr einer Mutter von ihrer Tochter. Dieser Vorgang ereignet sich in einer Musik von höchster Dramatik.

Wir heutigen Hörer können über die künstlerischen Fähigkeiten der Uraufführungsinterpretin nur staunen. Mozarts Schwägerin Josepha Hofer muss über ein ungemein höhensicheres Stimmmaterial und eine stupende Geläufigkeit verfügt haben, sonst hätte Mozart ihr nicht eine solch anspruchsvolle Arie komponiert. Außerdem wird sie eine nervenstarke Künstlerin gewesen sein: Wie sonst hätte sie aus dem unmittelbar vorausgehenden Dialog, der bereits leidenschaftliche Emphase fordert, ohne Verschnaufpause sofort in den Gesang wechseln können? Der instrumentale Vorlauf der Arie währt ja noch nicht einmal zwei vollständige Takte: In ihnen lauert ein d-Moll-Streicher-Tremolo, und gleich darauf explodiert in den Bläsern ein schneidender Akkord. Pamina trifft die Aggression ihrer Mutter, ungeachtet des vorausgegangenen Sprechdialogs, völlig unvorbereitet, als die Königin ihre Tochter in zerklüfteter Deklamation mit ihrer Wut konfrontiert. Noch befremdlicher allerdings ist der Umschlag nach F-Dur, wenn sie Pamina den Mordbefehl erteilt. Bereits hier spricht nicht mehr die Mutter zur Tochter, sondern die Königin zur Untertanin. Und wenn sie schließlich das Glitzerwerk ihrer Koloraturen immer wieder zum f^3 herauftreibt, dann ist die Wortsprache verlassen und Pamina der eisigen Kälte eines außer sich geratenen Klangkörpers ausgesetzt.

Doch es kommt noch schlimmer. In machtvollen Oktavsprüngen nach unten – zunächst dreimal von f^2, dann noch energischer dreimal von g^2 aus – werden die natürlichen Bande zwischen Mutter und Tochter verflucht und gekappt. Und abermals weicht die energische Textdeklamation der Königin der Sprachlosigkeit von Koloraturenpassagen. Die führen über triolisches Zierwerk zurück nach d-Moll und laufen in einer altertümlichen Sequenz aus, die geradewegs aus einer barocken Opera seria stammen könnte. Damit ist klar, dass für Mozart die Königin eine Frau von gestern ist. In ihrer Selbstbezüglichkeit hat sie die Beziehung zu ihrer Tochter so vollständig ruiniert, dass sie ihr letztes Wort schon nicht mehr an Pamina richtet. In einer abschließenden Kraftanstrengung, die in einem lang ausgehaltenen Schrei auf b^2 kulminiert, ruft die Königin die Rachegötter herbei, bevor sie sich zu einer grellen d-Moll-Kadenz selbst im Boden versenkt.

Der Verfluchung durch die Mutter folgt in der Sprechszene der Erpressungsversuch des Monostatos: Welch eine Schreckensnacht für die arme Pamina! Daraus wiederum wird der Sinn von Sarastros Hallen-Arie Nr. 15 verständlich. Mit ihr versucht Sarastro, die entsetzte junge Frau zu beruhigen und ihr die Sorge um eine etwaige Bestrafung der Mutter zu nehmen. Obwohl eine Proklamation der Feindesliebe und damit Sarastros Selbstlegitimierung seiner Herrschaft, vermeidet die Arie – nicht zuletzt

Steckbrief: Monostatos

Oh je, ein Verklemmter: Schon die eiligen Tempi seiner Auftritte verraten es. Monostatos, der dicke »Mohr«, ist der absolute Loser unter den *Zauberflöten*-Protagonisten. Unterwürfigkeit, Feigheit, Verlogenheit, Denunziantentum, erpresserische Niedertracht, eine selbst vor Mord nicht zurückschreckende Brutalität: Derlei üble Verhaltensweisen geben sich in diesem durch rassistische Herabsetzung bös gewordenen Kerl ein unerfreuliches Stelldichein. Würde die *Zauberflöten*-Handlung den Monostatos nicht immer wieder in lächerliche Situationen bringen, er schiene uns monströs. Doch auch so darf man sich durchaus darüber wundern, wen Sarastro zum Oberaufseher über die Sklaven und zum Bewacher der gefangenen Pamina bestellt hat. Vor allem aber: Für Monostatos, der gemäß seinem sprechenden Namen alleine steht, gibt es in Sarastros Reich keine Lebenspartnerin, und er weiß mit seinem Geschlechtstrieb nicht ein noch aus, weshalb er die arme Pamina fortwährend sexuell bedrängt. Diese Gier aber gibt uns den Schlüssel an die Hand, um selbst für den vielleicht erbärmlichsten Charakter im bunten Personenreigen der Mozart-Opern Mitleid aufzubringen. Seine Triebhaftigkeit ängstigt ihn ja selbst, sodass er sich eingesteht: »Das Feuer, das in mir glimmt, wird mich noch verzehren.« Woher aber rührt seine geradezu pathologische Fixierung auf Pamina? Darauf gibt seine leise vorbeihuschende Mini-Arie »Alles fühlt der Liebe Freuden« Auskunft, in der er gehetzt Zeugnis über sich selbst ablegt: Ihn verlangt nach Pamina wegen ihres hellen Teints. Denn seine eigene schwarze Hautfarbe ist vor allem ihm selbst verhasst, weil er ihr und nicht seinem Verhalten die Ablehnung zuschreibt, die ihm allenthalben entgegengebracht wird. Und doch schämt sich Monostatos wegen seiner unziemlichen Gelüste auf Pamina insgeheim: sogar vor dem Licht des Mondes. Darüber hinaus hastet er als ein großes Fragezeichen verstörend durch Sarastros Reich: Wenn für Sarastro und seine Priester wahres Menschsein letztlich aus der Erziehung und damit aus der Kultur hervorgeht, was heißt das dann eigentlich für jemanden wie Monostatos, der mit seiner Natur nicht zu Streich kommt? Gilt er den Sarastro-Priestern dann überhaupt noch als Mensch?

durch den Verzicht auf die Posaunen – den erhabenen Ton der Priestergesänge. Vielmehr wird das hochtrabende Humanitätsideal des Textes durch die Musik auf den erbaulichen Ton eines schlichten, zweistrophigen Liedes herabgedämpft. Sarastro veranstaltet hier sozusagen ein philosophisches Privatissimum, um Pamina davon zu überzeugen, dass er seine philanthropischen Lehren verinnerlicht habe. Mozart ließ sich bei der

Komposition wohl von der ersten Strophe inspirieren, denn die in durchlaufenden Sechzehnteln und in Sekundschritten voranschreitende Skalenmelodik bei den Versen »Dann wandelt er an Freundes Hand vergnügt und froh ins bessre Land« evoziert die Vorstellung einer Wanderschaft in Tönen. Es mag vielleicht verwundern, dass Mozart die Schlussphrase nicht zum tiefen *E* hinunter-, sondern zum kleinen *e* hinaufführte. Vermutlich war die Stimme des Uraufführungs-Sarastro Franz Xaver Gerl nur bis zum tiefen *F* wirklich stabil, was freilich spätere Sarastros nicht davon abhielt, mit einem sonoren Schluss-*E* nach dem Beifall des Publikums zu schielen. Für den Fortgang der Handlung bleibt indessen bedeutsam, dass Sarastro in der zweiten Strophe denjenigen, die seinen Lehren nicht anhängen, sogar das Menschsein abspricht. Und schauen wir auf den Schluss der Oper voraus, so steht das Ende der Königin der Nacht der zweiten Arienstrophe näher als jener schonenden Behandlung, die Sarastro der verängstigten Pamina ja ursprünglich versprochen hat.

Das Terzett Nr. 16 »Seid uns zum zweiten Mal willkommen« und Paminas Arie Nr. 17 »Ach ich fühl's«: Von schwereloser Ermutigung und vollständiger Vereinzelung

Ein Szenenwechsel führt uns zu Tamino und Papageno zurück. Die Priester haben inzwischen das Sprechverbot zum absoluten Schweigegebot verschärft und damit Stufe 2 des Prüfungsverfahrens eröffnet. In die Vorbereitungsphase des neuen Prüfungsabschnitts gehört auch das Terzett der Knaben. Während sie singen, geben sie Tamino und Papageno Zauberflöte und Glockenspiel zurück, auch stellen sie ein Tischlein-deck-Dich bereit und ermutigen und ermahnen die beiden Prüflinge. An musikalischem Mehrwert kommt der Ton schwereloser Rokoko-Anmut hinzu, der etwa in den hingetupften Geigenwendungen das Auf- und Abschweben des Fluggeräts simuliert. Die luftige Klangwelt der drei Knaben vermittelt bereits hier den Eindruck, als schauten sie in heiterer Gemütsruhe und aus höherer Warte auf den Konflikt zwischen Sarastro und der Königin der Nacht.

Ließen die Rückgabe der Wunderinstrumente und die Versorgung mit einem Mitternachtsimbiss eine Phase eher gemütlichen Zuwartens in behaglichem Stillschweigen erwarten, nimmt das Geschehen jedoch eine schlimme Wendung. Während Papageno ganz von Speis und Trank absorbiert ist, lockt Tamino durch sein Spiel auf der Zauberflöte unwillkürlich Pamina herbei. Von nun an befindet er sich in einem Dilemma: Er kann die ahnungslose Pamina nicht über die Prüfungsbedingungen aufklären, sonst hätte er gegen das Sprechverbot verstoßen und Pamina verloren. Abermals ist Tamino ein zweiter Orpheus, jener erste freilich brach anders als Tamino sein Gelübde und musste deshalb seine Gattin Eurydike in der Unterwelt zurücklassen.

Pamina wiederum interpretiert Taminos Kommunikationsverweigerung – ohnehin von der Verstoßung durch die Mutter tief getroffen – als Liebesentzug; überdies muss ihr Papagenos der Fresslust geschuldetes Verstummen als zusätzliche Herzlosigkeit erscheinen. Somit sieht sie sich in die absolute Vereinzelung gestoßen, und was das bedeutet, hat Mozart in Paminas Liebesklage Nr. 17 »Ach ich fühl's« gefasst. Die Trauertonart g-Moll wird angeschlagen, und über einem fast durchgängigen Begleitrhythmus in den Streichern, einer gleichsam hinkenden Andante-Bewegung ♪𝄾♪♪𝄾♪ | ♪𝄾 schwebt Paminas Klagegesang. Alles hängt in dieser Arie von einer nicht zu langsamen Tempowahl ab, damit als Vorgang erfahrbar wird, was vonstattengeht: Paminas Rückzug in eine Resignation, die sie an die Schwelle des Todes führt.

Zwei Wirkungsabsichten durchdringen sich in der Arie: Zum einen kommt in ihr Paminas Innerlichkeit zum Tragen, besonders anrührend im Mittelteil »Nimmer kommt ihr Wonnestunden«, der in zarten Koloraturen ausläuft. Die B-Dur-Grundierung verleiht dieser Passage eine besonders schmerzliche Note: Pamina blickt hier auf ein Glück zurück, das ihr unwiederbringlich verloren scheint. Zum anderen verliert sie in dieser Szene Tamino nie aus den Augen. Flehentlich versucht sie ihn aus seiner Stummheit zu reißen, ihn gleichsam aufzurütteln. Und weil ihr das nicht gelingen will, tritt immer stärker der Gedanke an den Tod in den Vordergrund.

Wenn sie das erste Mal die Textzeile »So wird Ruh' im Tode sein« ansingt, führt sie der Todeswunsch noch in einen Es-Dur-Trugschluss (T. 27). Beim Wiederaufgreifen des Verses verweist die Harmonik geradewegs auf Mozarts letzte Komposition, das Requiem: Der wehmütige Anklang an die Koloraturen des B-Dur-Teils mündet hierbei in Takt 32 in einen ausdrucksstarken neapolitanischen Sextakkord. Der Schluss des Gesangsparts aber kadenziert in den Takten 36 bis 38 dreimal hintereinander in g-Moll ab, eine harmonische Geste der Ausweglosigkeit. Dass Pamina versuchen wird, ihrem jungen Leben ein Ende zu setzen, ist die traurige Konsequenz aus diesem Abgesang auf das Leben.

Und Tamino? Die Espressivo-Einwürfe der Holzbläser während der Arie mögen ebenso seine innere Ergriffenheit widerspiegeln wie das von schwermütigen Seufzern durchzogene Orchesternachspiel, zu dem Pamina bereits nicht mehr auf der Bühne steht.

Der Priester-Chor Nr. 18 »O Isis, und Osiris« und das Terzett Nr. 19 »Soll ich dich Teurer nicht mehr sehn?«: Kollektive Vorfreude und ein Krisentreffen mit Open End

Was den einen ihr Leid, ist der anderen Freud: Die Priester stimmt im Chor Nr. 18 Taminos stumme Standhaftigkeit festlich, ohne dass sie auch nur einen Gedanken an die betrübte Pamina verschwenden würden. Erstmals strahlt nun ihr Gebetsgesang im Forte-Glanz auf, wenn sie Taminos erwarteten Triumph mit dem die Düsternis der Nacht verscheuchenden Aufgang der Sonne gleichsetzen. Ist die Lichtmetaphorik der aufklärerischen Ideologie der Priester geschuldet, so erheben sie überdies Besitzanspruch auf die Person des Tamino, weshalb sie betonen: »Bald wird er *unsrer* würdig sein.« Das zentrale Wort des Priesterhymnus – und, wie wir bereits wissen, der gesamten Oper – ist aber das andächtig in feierlicher Dreizahl intonierte »bald«.

Dass Taminos Weg in den Kreis der Eingeweihten allerdings steiniger ist, als die Priester sich das haben vorstellen können, wird gleich darauf im Terzett Nr. 19 deutlich: Sarastros ursprünglicher Plan, die Liebenden zum »letzten Lebewohl« zusammenzubringen, läuft wegen Paminas Verstörung aus dem Ruder. Mozart inszeniert hier ein veritables Krisentreffen, das im zügigen Alla-breve-Takt von nervöser Unruhe durchpulst ist, ohne dass sich irgendwann die Spannung zwischen den Personen lösen würde. Kleingliedrig sind die Phrasen. Mini-Duette – entweder zwischen Tamino und Pamina oder zwischen Tamino und Sarastro, aber nie zwischen Pamina und Sarastro – suggerieren kurzfristiges Einverständnis. Nicht ein einziges Mal während des Terzetts wendet sich Pamina an Sarastro, sie ist aus Angst um Tamino dermaßen in Panik, dass sie Sarastro kein Gehör und keinen Glauben mehr schenkt. Bereits sein anfänglicher Beschwichtigungsversuch »Ihr werdet froh euch wiedersehn!« stößt bei ihr auf taube Ohren.

Beispiel 14

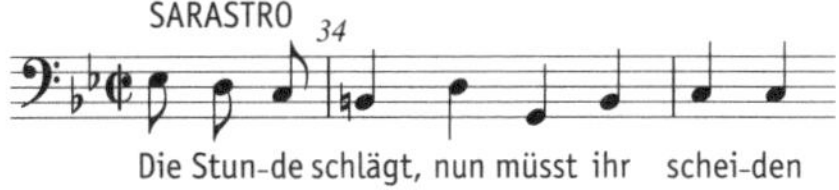

Und wenn Sarastro mehrfach insistiert »Die Stunde schlägt, nun müsst ihr scheiden!«, wird ihm vollends bewusst, dass das priesterliche Prüfungsritual, weil es sich über das Leid Paminas rücksichtslos hinwegsetzt, unmenschlich ist und einer Änderung bedarf. Folglich führt sein abschließendes Drängen zum Aufbruch überraschend in das Versprechen: »Wir

Steckbrief: (K)ein altes Weib

Offenbar betreibt Sarastros Priesterschaft eine Menschenverwahranstalt, in der potenzielle Ehepartner vorgehalten werden, die nach Nützlichkeitserwägungen zum Einsatz kommen. Beispielsweise haben die Priester für Papageno eine lustige Alte in petto. Als Lockvogel soll sie dienen, um den widerwilligen Vogelfänger mit der Aussicht auf Verheiratung während des Prüfungsrituals bei der Stange zu halten. Offenbar ist die olle Schrumpelhexe mit der priesterlichen Inanspruchnahme alles andere als einverstanden, und so verrät sie Papageno gleich bei ihrem ersten Zusammentreffen ihr in groteskem Missverhältnis zu ihrem Aussehen stehendes Lebensalter: achtzehn Jahre und zwei Minuten! Bevor sie ihren Namen sagen kann, muss sie im Boden versinken. Und nachdem sie sich in ihrer zweiten Begegnung mit Papageno als entzückendes junges Ding entpuppt hat, wird sie von den Priestern verscheucht. Damit ist zweierlei klar. Erstens: Es findet sich tatsächlich für jedes Töpfchen ein Deckelchen, und so gibt es auch für Papageno eine Papagena. Zweitens: Das Personenverzeichnis zur *Zauberflöte* führt das Publikum spaßeshalber in die Irre, indem dort Papagena als altes Weib gelistet ist, um den Theatercoup ihrer Verwandlung nicht vorwegzunehmen. Überdies inszenieren Mozart und Schikaneder die Offenlegung von Papagenas Identität mit einem dramaturgischen Trick: Zur hässlichen Alten entstellt, hat sie sprechen müssen, ihre wirkliche Gestalt aber ist ans Singen geknüpft. Singend wird sie überhaupt erst zum Menschen, wie zu guter Letzt das übermütige Verlöbnisgeturtel von Papageno und Papagena erweist.

sehn uns wieder!« Sarastros Zusicherung eines glücklichen Ausgangs bleibt allerdings von den Liebenden, als sie auseinander- und von dannen gehen, unbeachtet.

Papagenos Arie Nr. 20 »Ein Mädchen oder Weibchen«: Ein weinseliger Lockruf nach Liebe

Auf andere Weise im Ungewissen bleibt Papageno. Nach seinem mutwilligen Hintertreiben des Verschwiegenheitstests ist er von der Schlussprüfung ausgeschlossen, was ihn nicht weiter bekümmert. Überdies weckt ein Glas Rotwein seine Lebensgeister, und seine Wunderglöckchen sollen ihm nun eine Liebste herbeizaubern. In dieser musikalischen Anlock-Aktion stehen steigender Alkoholpegel und Papagenos sich intensivierende Sehnsucht nach einem »Mädchen oder Weibchen« in hörbarem Zusammenhang. Allerdings ist der Gesangspart von dieser Steigerung nicht betroffen, denn Papageno singt ein ganz einfach strukturiertes Strophenlied mit vorangestelltem Refrain im 2/4- und drei nachfolgenden Couplet-Strophen im 6/8-Takt. In den instrumentalen Umrahmungen und Zwischenspielen aber hat das Glockenspiel bei behutsamer Begleitung durch die Streicher seinen großen Auftritt. Denn wie Papageno alkoholbedingt zu immer größerer Gelöstheit gelangt, so beobachten wir von Strophe zu Strophe im Glockenspielpart eine Zunahme an kleinen Notenwerten. In der dritten Strophe hat sich der Part des Zauberinstruments vollends in flinke Akkordbrechungen aufgelöst, sodass hier die Weise in den Bläsersatz verlagert ist. Die zunehmende Klangfülle verfehlt ihre Wirkung nicht. Zum beschwingten Schlussritornell tanzt jene hässliche Alte herbei, mit der Papageno bereits das Vergnügen hatte. Der Übergang in die anschließende Sprechszene, in der sich die Alte als Papagena entpuppt und dem Papageno zu seiner Empörung gleich wieder entrissen wird, ist also auskomponiert.

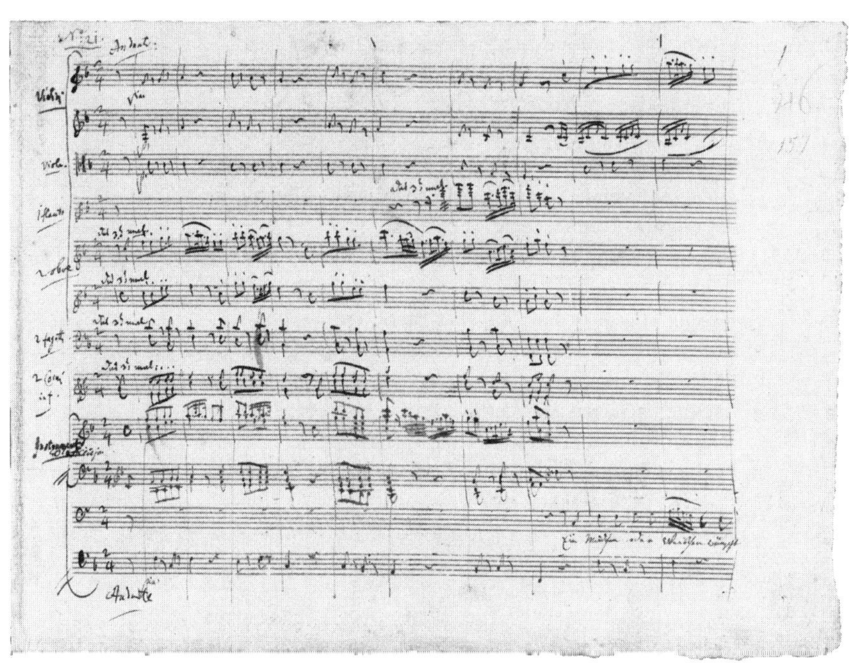

Mozarts Autograf von Papagenos Arie »Ein Mädchen oder Weibchen«: Es fällt ins Auge, dass im Orchestervorspiel nicht wie sonst meistens die Violinen (ganz oben) führen, sondern zunächst das Glockenspiel (9. und 10. System). Außerdem weist Mozart die Bläser (4. bis 8. System) an, erst bei der 3. Strophe mitzuspielen.

Das zweite Finale Nr. 21: Von Es-Dur aus über vier Bühnenbilder und vier Schlüsse hinweg nach Es-Dur zurück

Ein finales Unikum: vier Bühnenbilder, fünf im Libretto ausgewiesene Auftritte und zehn tatsächliche Auf- und Abgänge, eine noch kleingliedrigere Struktur innerhalb der Szenen; und mit 920 Takten Musik ist dieses Finale deutlich länger, als die übrigen Nummern des 2. Akts zusammen. Kein anderes Finale des Opernrepertoires bietet solchen Abwechslungsreichtum. Allerdings ergibt sich daraus die Frage: Warum fällt dem Komponisten die ganze Konstruktion nicht in ihre Einzelteile auseinander? Vermutlich, weil sich Mozart hier wie in der *Zauberflöte* insgesamt ein theatrales Gestaltungsprinzip zu eigen gemacht hat, das ihm durch die Stücke Shakespeares vertraut war und uns heutzutage aus einer anderen Kunstform, nämlich dem Film, geläufig ist: Er erhält die Spannung durch das Überraschungsmoment, das sich aus dem Nacheinander höchst

Finale des 2. Akts: Gliederung

a) Andante: Drei Knaben »Bald prangt, den Morgen zu verkünden«, Es-Dur / c-Moll
b) Andante, Allegro: Pamina, Drei Knaben »Du also bist mein Bräutigam«, c-Moll, über mehrere Zwischenstationen nach Es-Dur
c) Adagio: Zwei Geharnischte »Der, welcher wandert diese Straße voll Beschwerden«, c-Moll
d) Adagio, Allegretto: Tamino, Pamina, Zwei Geharnischte »Mich schreckt kein Tod, als Mann zu handeln«, f-Moll / Des-Dur / As-Dur
e) Andante: Pamina, Tamino, Zwei Geharnischte »Tamino mein! O welch ein Glück!«, F-Dur
f) Marsch, Adagio: Pamina, Tamino »Wir wandelten durch Feuersgluten«, C-Dur
g) Allegro: Chor »Triumph, du edles Paar«, C-Dur
h) Allegro: Papageno »Papagena! Papagena! Papagena!«, G-Dur / g-Moll
i) Allegretto: Drei Knaben, Papageno »Halt ein! Halt ein! Halt ein!«, C-Dur
j) Allegro: Papageno »Klinget Glöckchen, klinget«, C-Dur
k) Allegro: Papageno, Papagena »Pa-Pa-Pa«, G-Dur
l) Più moderato: Monostatos, Königin der Nacht, Drei Damen »Nur stille! stille! stille!«, c-Moll
m) Maestoso, Andante, Allegro: Sarastro, Chor »Die Strahlen der Sonne vertreiben die Nacht«, Es-Dur

unterschiedlicher Szenen ergibt. Hinzu kommt ein binnenszenisches Spannungsmoment durch eine auf den jeweiligen Szenenschluss zustrebende Dynamik.

Das lässt sich zu Beginn des Finales gut beobachten. Zunächst sind die Knaben unter sich. Dies ist das einzige Mal, dass sie sich über ihr eigenes Anliegen verständigen. Dem baldigen Sonnenaufgang und Taminos Triumph zuversichtlich entgegensehend, wollen sie das Ihre dazu beitragen, um die Zwietracht unter den Menschen zu beseitigen, damit diese in elysischem Frieden zur Selbstvervollkommnung gelangen mögen. Mozart fasst diese Hoffnung auf die Wiederkehr eines Goldenen Zeitalters in eine dreiteilige Da-capo-Form, sodass die Anfangsphrase »Bald prangt, den Morgen zu verkünden« über den Mittelteil hinweg in der Schlussphrase »Dann ist die Erd' ein Himmelreich« ihre Antwort findet, freilich in gesteigertem Ton. Die erhoffte Zukunft soll also den zurückliegenden Zustand transzendieren. Damit ist in dem zierlichen lyrischen Gebilde dieses Terzetts die utopische Idee der gesamten Oper wie in einem Brennspiegel auf den Punkt gebracht, und folgerichtig hat Mozart hier die *Zauberflöten*-Haupttonart Es-Dur angeschlagen.

Aus der Beschaulichkeit des Terzetts leitet eine sich nach c-Moll eintrübende kleine Mauerschau, in der die Knaben – »Doch seht, Verzweiflung quält Paminen!« – das Herannahen Paminas beobachten, in die Handlung über. Von Pamina unbemerkt, kommentieren die Knaben ihre Vorbereitungen zum Selbstmord, wobei Paminas Gesang sich sogar nach f-Moll wendet, zur Mozart-Zeit die »Gräbertonart« schlechthin.

Der nächste Handlungsimpuls erfolgt, als die Knaben zur Textstelle »Holdes Mädchen, sieh uns an!« mit Pamina in den Dialog treten und sie von ihrem Vorhaben abzubringen versuchen. Hier intensiviert sich Paminas ariose Deklamation, sodass sie in der Phrase »Ja des Jammers Maß ist voll« sogar einen absteigenden chromatischen Quartgang intoniert, einen sogenannten Passus duriusculus, seit alters her ein Tonsymbol für höchstes Leid. Den Moment, als die Knaben Pamina in den Arm fallen, fasst Mozart dann in eine kompositorische Umbruchsituation: Während Pamina ihr Leben in der ihr zugehörigen Trauertonart g-Moll zu beschließen meint, kommt es durch den Gesangseinsatz der Knaben – »Ha Unglückliche halt ein!« – zum Trugschluss auf *es*. Das Tempo wechselt vom Andante ins Allegro, der gerade Takt in einen ¾-Takt, und Mozart komponiert den Umschlag der Handlung mit feinem Gespür dafür, wie in Pamina der Lebenswille allmählich zurückkehrt, sodass schließlich ihr Jubel mit dem langgehaltenen Spitzenton b^2 den Gesang der Knaben übertönt. Danach macht sie sich im Geleit der Knaben auf den Weg zu Tamino.

Zeitgleich dazu muss man sich die Anfangsteile des darauffolgenden Bildes, also die Geharnischten-Szene, denken. Diese Hauptszene des Stücks erhält ihre fesselnde Dramatik durch eine Per-aspera-ad-astra-Strategie, die also vom Dunkel ins Licht führt. Düster dräut gleich zu Beginn das Forte-Unisono von Streichern und Posaunen, zunächst auf der neuen Tonika *c*, dann auf deren Dominante *g*, während die Hölzer mit schweren Seufzern antworten. Es ist, als ob die beiden Geharnischten die beiden Flügel der »Schreckenspforte« aufschlössen und mit ernsten Gebärden den aufstöhnenden Tamino auf die beiden Schicksalsberge aufmerksam machten.

Wenn sie ihm die auf die Pyramide gemalten Hieroglyphen deuten, so geschieht das in einer Musik von archaischer Physiognomie. Denn es hebt in den Streichern ein Fugato an, aus dem in fallender Chromatik, in Seufzermotivik und in gehenden Bässen die Symbolsprache des musikalischen Hochbarock tönt. Ein Gang durch Leiden – wie in einer Passionsmusik – wird hier in Tönen vergegenwärtigt: gleichsam ein nachgeschobener Kontrapunkt zu dem Freundschaftsspaziergang in den Skalengängen von Sarastros Hallen-Arie Nr. 15. Doch damit nicht genug: Immer wieder klingen in das kontrapunktische Gewebe Verse eines Chorals hinein, die in strenger Oktavkoppel von den Geharnischten, den Posaunen und den Holzbläsern intoniert werden. Die Geharnischten singen davon, dass derjenige, der diesen Todespfad beschreite, »durch Feuer, Wasser, Luft und Erden« gehe, um durch Überwindung der vier Elemente zu den Mysterien der Isis vorzudringen. Doch dies ist nicht der originale Text des Chorals, der in Wort und Weise ursprünglich von Martin Luther stammt. Mozart mochte die Weise in Johann Philipp Kirnbergers musiktheoretischem Werk *Die Kunst des reinen Satzes* von 1771 aufgefunden haben.

Beispiel 15

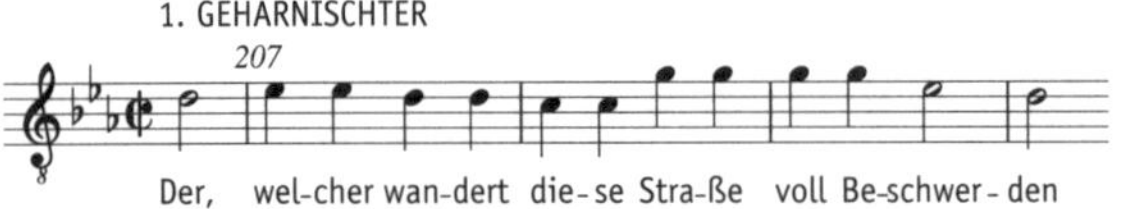

Dort ist sie allerdings ohne Titel verzeichnet. Ob Mozart den originalen Text kannte, wissen wir also nicht. Wer mit dem Luther-Choral vertraut ist, wird aber unwillkürlich in den Gesang der Geharnischten dessen Verse als zweite Sinnebene hineinhören: »Ach Gott, vom Himmel sieh darein und lass' dich das erbarmen«. Eines ist allerdings wahrscheinlich: Mozart wird mit der Choralweise, der er noch eine Schlusszeile hinzufügte, um auf der Tonika *c* schließen zu können, zu Schikaneder spaziert sein, damit der einen

Steckbrief: Die beiden Geharnischten

Vermutlich bewachen sie schon seit Langem das Tor zu den beiden Bergen, in deren Innerem Feuer tost und Wasser braust. Wie viele Prüflinge, die Sarastro und seine Priester dort hinein geschickt haben, sind in diesen Schicksalsbergen wohl schon umgekommen? Und so mögen ihre Rüstungen bezeugen, dass die Geharnischten dieses ernste Wächteramt hat erstarren lassen. Genauso unbeweglich sind sie geworden wie ihr streng in Oktaven geführter Choralgesang. In ihm deuten sie denen, die Einlass begehren, die Hieroglyphen, die auf der vorgelagerten Pyramide geschrieben stehen: zur Warnung vor der Todesgefahr. Und nun will sich also auch Tamino durch die »Schreckenspforte« wagen. Aber nun kommt alles anders als sonst. Paminas Stimme ist zu hören – die erste Frau überhaupt, die sich in diese Gefahrenzone traut. Und die Geharnischten? Die düstere Oktavkoppel ihres Chorals weicht einem erleichterten Parlando, als ob sie diesen Tag herbeigesehnt hätten. Sie sind sich sicher, dass Tamino mit dieser tapferen Frau an seiner Seite nicht scheitern wird. Endlich ist dem bedrohlichen Ritual der Stachel genommen, weil zwei Liebende mehr vermögen, als ein einsam sich zu Tode ängstigender Mensch. Und so stimmen sie ergriffen ein, als sich das Paar unmittelbar vor der Probe Mut zusingt. Der Jubel eines der beiden Geharnischten überstrahlt sogar einen Moment lang alle: als ob er sich singend von der Bürde seines Amtes befreit hätte. Die Wette gilt, dass zumindest der Tenor-Geharnischte nach Taminos und Paminas Triumph seinen Panzer für immer ablegen wird.

passgenauen Text dazu abfasste. Somit bietet der Gesang der Geharnischten ein Indiz für die enge Zusammenarbeit von Librettist und Komponist.

Bemerkenswert ist, wie Tamino auf die Unterweisung durch die Geharnischten reagiert. Zwar behauptet er »froh, den kühnen Lauf« durch Feuer und Wasser wagen zu wollen. Doch die Musik weiß es besser: Stockende Wendungen in den Streichern und ein in der erwähnten Gräbertonart f-Moll drohendes Tremolo samt neapolitanischem Sextakkord (T. 245) lassen erkennen, dass sich Tamino entgegen seiner todesmutigen Bekundung durchaus von »des Schreckens Pforten« beeindruckt zeigt. Eine erste Aufhellung erfolgt durch die Harmonik, als Tamino Paminas Ruf in Des-Dur hereindringen hört. Ab hier löst sich in einem nach As-Dur führenden heiteren Allegretto die Spannung, wenn Tamino und die Geharnischten die Zulassung Paminas zur Feuer- und Wasserprobe verabreden. Umso inniger dann die Begrüßung der Liebenden in F-Dur (Beispiel 16). Hier ergänzen sich wie Frage und Antwort Paminas und Taminos Gesangsphrasen und fügen sich – wie die Liebenden selbst – zu einer Einheit zusammen.

Beispiel 16

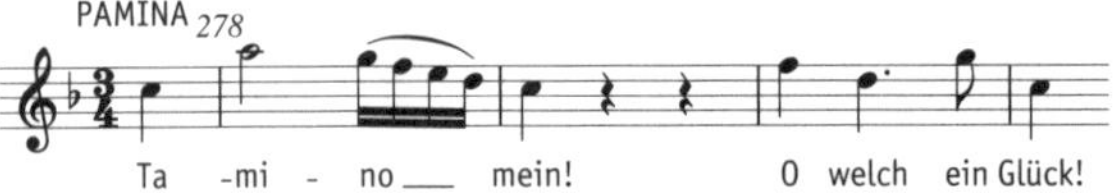

Paminas aus einem Sextaufschwung herabgleitender Ruf »Tamino mein!« schlägt überdies den Bogen zurück zur Bildnis-Arie (Beispiel 7). Ebenso finden sich im folgenden Gespräch immer wieder Anklänge entweder an Paminas Begrüßungsruf oder direkt an jene Arie, besonders auffällig in Paminas Bemerkung über die Liebe: »Sie mag den Weg mit Rosen streun, weil Rosen stets bei Dornen sein.« Alles gelangt in dieser Zwiesprache zu lyrischer Tongebung; selbst Paminas dramatisch eingefärbter Bericht von der Vorgeschichte der Zauberflöte ist in dieses sangliche Melos eingebunden, gleichfalls das anschließende Quartett von Pamina, Tamino und den Geharnischten. Dieses ist geradewegs ein Hymnus auf die Macht der Zauberflöte, deren Ton sogar »des Todes düstre Nacht« bannen könne. Abermals klingt hier die antike Orpheus-Sage an, denn auch der mythische Sänger überwand den Tod, als er kraft seines bewegenden Gesangs bis ins Totenreich vordrang, um von dort seine tote Gattin Eurydike zurück ins Leben zu holen.

Und erneut schimmert im Quartett der Sextsprung samt fallender Sekundbewegung durch, nicht zuletzt in der den Ensemblegesang prägenden Notenfolge *c–f–c–a–g–f–e–f*, die erstmals von Tamino (T. 332) auf den Anfangsvers des Quartetts gesungen wird.

Beispiel 17

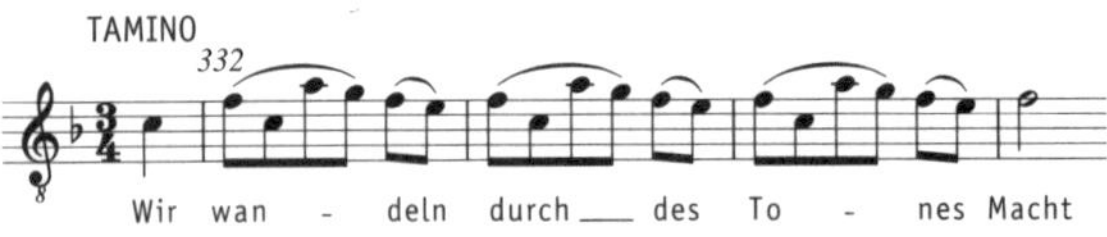

Doch damit nicht genug: Wenn Pamina und Tamino im abschließenden C-Dur-Teil der Szene die Feuer- und Wasserprobe absolvieren, dann spielt die Flöte Figurationen, die wie freie Improvisationen über die ersten beiden Gesangsphrasen der Bildnis-Arie anmuten, abermals mit Sextsprung samt Sekundfall als Bezugsmotiv. Hierbei hat Mozart das Figurenspiel der Flöte in einen Marsch eingebunden – mit den Blechbläsern und den Pauken als ins Piano zurückgenommenen Schrittgebern. Ein romantischer Komponist hätte es sich wohl kaum entgehen lassen, das Durchschreiten von Feuer und Wasser klangmalerisch zu illustrieren. Nicht so der Klassiker Mozart. Ihm geht es um das Zeichenhafte des Vorgangs. Und gemäß dem Gesang der Geharnischten soll das Theater zur Darstellung bringen, wie sich Pamina und Tamino den vier Elementen aussetzen.

Zwei der Elemente, nämlich Feuer und Wasser, sind optisch präsent. Die Musik aber vergegenwärtigt im flüchtigen Linienspiel der Flöte die Luft und im Schreitrhythmus von Blech und Pauken den Tritt auf die Erde. Und bevor sich Pamina und Tamino nach ihrer Feuertaufe der Wasserprobe zuwenden, wird bereits die Verwandlung der beiden hörbar. In ihrem terzen- und sextenseligen Gesang wechselt die Stimmführung unablässig, bereits hier sind sie nur noch als Paar wahrnehmbar. Paminas und Taminos private Geschichte endet nach dem glücklich überstandenen Gang durchs Wasser, als sie der Jubel des Chores aus dem Bühnen-Off in den Tempel hineinruft. Es sind Männer *und* Frauen. Handelt es sich also um das Volk? In der Priesterschar war ja bislang keine Frau auszumachen. Und eine andere Frage stellt sich: Muss man sich die Männer und Frauen vor oder im Tempel denken? Freilich: Nichts Genaues weiß man nicht.

Ein weiteres Handlungsende folgt auf dem Fuß: Papagenos verhinderter Selbstmord aus Trauer um den vermeintlichen Verlust Papagenas. Die Tragikomik von Papagenos mit Papagena-Rufen einsetzenden Monologszene liegt zum einen in der Parallele zu Paminas verzweifeltem Auftritt am Anfang des Finales; zum anderen nimmt man Papageno seine Todesgedanken nicht recht ab. Denn in einem Kehraus-Rondo in G-Dur, das jeder Sinfonie Ehre machen würde, kündigt er in munterem Parlando seinen bevorstehenden Tod durch Erhängen an. Nicht einmal das in der Trauertonart g-Moll beginnende Mittelstück des Rondos ab »Diesen Baum da will ich zieren« gibt die flinke 6/8-Takt-Diktion auf.

Erst zum Schluss des Monologs, nachdem sich Papageno mit einem allgemein gehaltenen Heiratsantrag an die »schönen Mädchen« im Publikum gewendet hat, wird es wirklich ernst: Bisher hat Papageno auf den Pfiff seines Flötchens noch immer eine Antwort erhalten. Doch nun schlägt dem Lockruf seines Pfeifchens dreimal Stille entgegen. In verlangsamtem Tempo droht Papageno nun, vom Leben enttäuscht, ein trauriges Ende – in einem von expressiven neapolitanischen Sextakkorden eingetrübten g-Moll: »Nun wohl an! es bleibt dabei! weil mich nichts zurücke hält, gute Nacht, du falsche Welt!« Wie schon in Paminas Verzweiflungsszene sind die drei Knaben auch hier die Retter in der Not. Und über alle Handlungsdetails hinweg – die Zauberglöckchen führen die glückliche

Wendung herbei – rührt an, dass Papageno sofort wieder in seine heitere Gemütslage zurückfindet, als sich ihm die Aussicht auf ein Happy End bietet. Dieses ereignet sich im »Pa-Pa-Pa«-Duett des endlich vereinten Paares Papageno und Papagena. Ihrem übermütigen Freudenausbruch im Plappermodus eignet ein utopisches Potenzial, das sich in textlicher Hinsicht auf die familiäre Glücksvision der künftigen Eltern begrenzt. Deren gemeinsames Zukunftsprojekt sieht nämlich anhaltende Zeugungslust vor, sodass sich das elterliche Fortleben in einer quasi bis in alle Ewigkeit stetig anwachsenden Kinderschar erfüllen soll.

Die Komposition wiederum nimmt die Textvorgabe zum Anlass für eine Dramaturgie der musikalischen Enthemmung. Anfangs, in der spieluhrenhaften Orchestereinleitung, bewegen sich die beiden Protagonisten aufeinander zu, mechanisch wie Puppen und vor Glück verstummt. Nur schrittweise finden sie in die Sprache zurück. Zunächst ist es ein Silbenstammeln in Baby-Sprache: »Pa-, Pa-, Pa-«, zuerst im Rhythmus von Halben, dann von Viertel-, schließlich von Achtelnoten. Erst mit dem wechselweisen Zuruf der Namen haben die beiden die glückliche Wendung ihres Schicksals vollends begriffen, und das Melos beginnt zu fließen. »Bist du mir nun ganz gegeben?«, setzt Papageno im Überschwang seiner Freude synkopisch verschoben ein.

Mozart hat diesem Duett eines der anrührendsten Ritardandi der Musikgeschichte einkomponiert: Das Tempo verlangsamt sich, als das Paar erhofft, dereinst mit »so lieben kleinen Kinderlein« von den Göttern beschenkt zu werden. Papageno und Papagena erscheinen hier »im Vorgefühl von solchem hohen Glück« – so Goethe in *Faust II* – wie Verklärte, die im erhofften Kindersegen die Freude ihrer Zukunft sehen. Mozart, der Humanist: Man wird, mit einem Kloß im Hals, ganz ergriffen. Doch bevor die Sentimentalität zu groß wird, geht es flugs im anfangs angeschlagenen flotten Tempo fröhlich weiter. Denn nun inszenieren Papageno und Papagena in zungenflinkem Parlando einen vorweggenommenen komischen Ehestreit: Dieses Theater auf dem Theater läuft in der Art eines Überbietungswettbewerbs ab, als wäre im bevorstehenden Eheleben Papageno für die Herstellung der Buben und Papagena für die Anfertigung der Mädchen zuständig. Wenn beide schließlich unter Papageno- und Papagena-Geschnatter abgehen, lassen sie für immer das Reich des Sarastro hinter sich.

Simultan zur Vereinigung der beiden Liebespaare kommt es im Untergrund zu einem Endspiel in c-Moll: »Nur stille! stille! stille!«, flüstern die Königin der Nacht und ihre Entourage während ihres Umsturzversuchs, wenn sie versuchen, den Tempel gewaltsam einzunehmen. Dieser Plan beherrscht die Obskuranten wie eine fixe Idee; das immer wiederkehrende Orchesterritornell zeigt es. Insbesondere sein hämmernder Drei-Achtel-Auftakt durchzieht die gesamte Szene bis in die Gesangsparts hinein. Doch dem Treueeid von Monostatos und den drei Damen auf die Königin der Nacht folgt als Klangspektakel der Untergang der Verschwörergruppe. Verminderte Septakkorde, das lärmende Tutti des Orchesters und die Unisono-Schreckensschreie der Empörer, die von *as²* zum *h* hinunterstürzen, führen dem Hörer einen Fall in den Abgrund vor Ohren, den Mozarts Zeitgenossen vermutlich mit den Gemälden von Höllenstürzen und der Vorstellung der ewigen Verdammnis in Verbindung brachten.

Anders als in den vorausgegangenen Finalszenen mit der scharfen Trennung der Bilder ist hier der Übergang zum Schlussbild auskomponiert. Als ob sich der Pulverdampf verziehen würde, lichten sich die Klänge und lassen im zarten Linienspiel der Geigen erahnen, wie das Licht der aufgehenden Sonne sanft durch die Wolken dringt. Nach Sarastros rezitativischer Vollzugsmeldung zur Niederschlagung der nächtlichen Rebellion – »Die Strahlen der Sonne vertreiben die Nacht« – folgt zunächst in gemessenem Andante der Preis-und-Dank-Choral »Heil sei euch Geweihten!«, zum einen auf Tamino und Pamina, zum anderen auf Isis und Osiris bezogen. Und im folgenden Schluss-Allegro »Es siegte die Stärke« wird resümiert, dass durch den Triumph der Stärke Schönheit und Weisheit verherrlicht worden seien, wie die Schlussverse in Anlehnung an eine Formulierung Ignaz von Borns (siehe S. 27) verkünden.

In der Musik freilich fällt abseits des Jubels zweierlei auf: Zum einen stellt das den Allegro-Teil bestimmende Orchesterritornell jeweils in seinem sechsten Takt (z. B. T. 852), wenn die Geigen zu ihrer zwei Oktaven umfassenden Es-Dur-Skala ansetzen, mit c-Moll die VI. Stufe heraus. Die hatte ja bislang der Musik der Priester eine charakteristische harmonische Färbung verliehen. Hier aber ist die VI. Stufe in einen weltlich-festlichen Tonfall gestellt. Die andere Auffälligkeit bietet das kantable Mittelstück des Schlusschors, das nach langgehaltenem Dominantseptakkord und Generalpause in Takt 878 anhebt. Die Chorsoprane setzen hier nämlich mit jener Notenfolge ein, die Tamino im Quartett-Ensemble der Geharnischten-Szene intoniert hat (Beispiel 17), sie ist lediglich von F-Dur nach Es-Dur transponiert. Was uns diese beiden Fingerzeige in Noten sagen wollen? Hat sich die priesterliche Sphäre ins Weltliche verflüchtigt? Hat der von Tamino und Pamina durch ihre Liebe und mithilfe der Zauberflöte initiierte Umbruch am Ende gar eine gesamtgesellschaftliche Transformation bewirkt, die alle Männer und Frauen in Sarastro-Land erfasst hat? Ja, dann wäre alsbald, wie es so schön zum Schluss des 1. Akts hieß, »die Erd' ein Himmelreich und Sterbliche den Göttern gleich.«

Essay: Die Macht der »lieblichen Gefühle«

Am 26. August 1855 schrieb Gustav Flaubert an seine Geliebte, die Schriftstellerin Louise Colet: »Was mir als das Höchste in der Kunst erscheint (und als das Schwierigste), ist nicht Lachen oder Weinen hervorzurufen, nicht einmal jemanden in Brunst oder in Wut zu versetzen, sondern auf dieselbe Art wie die Natur zu wirken, das heißt zum Träumen zu bringen. Die sehr schönen Werke haben diese Eigenschaft. Sie sind von gelassen heiterem Äußeren und unverständlich.« Flauberts Bemerkung, dass bedeutende Kunstwerke so unverständlich wie Träume seien, hat die Paradoxie aller Kunstbetrachtung zur Pointe: Obwohl wir uns auf das jeweilige Kunstwerk einen Reim zu machen versuchen, bleibt das Kunstwerk selbst von unserem Bemühen um Verständnis unberührt, es bleibt weiterhin ein Rätsel und dadurch ein Faszinosum. Das gilt für die *Zauberflöte* mit ihrem »gelassen heiteren Äußeren« ganz besonders. Von der Uraufführung an entfaltete sie, wie wir alsbald sehen werden, eine kontinuierliche Wirkungsgeschichte auf den verschiedensten Gebieten der Künste bis in unsere unmittelbare Gegenwart hinein. Und alle, die sich mit der *Zauberflöte* beschäftigen, werden ihre individuelle Deutung in sie hineintragen. Jeder hat demnach seine eigene *Zauberflöte* im Kopf, und deshalb gibt es so viele Vorstellungen über die *Zauberflöte* wie Rezipienten – ein demokratisches Kunstwerk also, das seine Betrachter geradewegs zur Diskussion und zum Meinungsaustausch einlädt.

Für die Deutung, die im Folgenden in diesen Diskurs eingebracht werden soll, seien die bisher gemachten Beobachtungen zum Werk hinsichtlich der Entstehungs- und Stoffgeschichte, der dramaturgischen und musikalischen Konzeption miteinbezogen, eingeordnet und gewichtet. Und so mag als Erstes auffallen, dass die komplexe literarische Quellenlage nur wenig zum Werkverständnis beitragen kann. Insbesondere aus den

Märchenvorlagen wurden Handlungsmotive lediglich herausgebrochen, ohne dass diesen Bruchstücken noch etwas von ihren ursprünglichen inhaltlichen Bezügen anhaften würde, was irgendeine Relevanz für die *Zauberflöte* selbst hätte. Dasselbe gilt für die Personenprofile aus diesen Vorlagen. Man muss sie nicht kennen, um nachvollziehen zu können, was in dieser Oper mit wem und warum geschieht. Zwei literarische Motivfelder sind dennoch für das Werkverständnis von Bedeutung: zum einen die Ägypten-Rezeption durch die Freimaurerei zur Mozart-Zeit, zum anderen der antike Orpheus-Mythos.

Wenden wir uns zunächst dem Freimaurertum zu, und rufen wir uns ins Gedächtnis, wie seine Rituale und Symbole Eingang in die *Zauberflöte* gefunden haben. Die Priester-Oligarchie mit Sarastro als Primus inter pares, ihr Herrschaftsanspruch, der sich aus ihrem Selbstbild als einer Bildungselite ableitet, die Inszenierung ihrer aufgeklärten Vernunftreligion mittels einer Licht- und Sonnenmetaphorik und ägyptischer Versatzstücke: In all diesen Details ist die Freimaurerei mit Händen zu greifen. Gleiches gilt für das dreistufige Einweihungsritual mit den Wanderungen durch unterirdische Verliese unter der Auflage, zu schweigen. Und auch die feierlich zum Aufbruch mahnenden Signale, die Stimmen aus dem Nirgendwo und die sonstigen Schrecknisse gehören in den freimaurerischen Zusammenhang. Es ist also naheliegend, zu fragen, ob die *Zauberflöte* eine Freimaurer-Oper sei.

Wenn ja, dann wäre sie ein hermetisch in sich verschlossenes Kunstwerk, das letztlich nur über die Dechiffrierung der darin enthaltenen Freimaurer-Symbolik verstehbar wäre. Vier Argumente sprechen gegen eine solche Auffassung. Der erste Einwand ist biografischer Art: Warum sollte ausgerechnet Emanuel Schikaneder ein Libretto zur Verherrlichung der Freimaurerei verfassen, obwohl ihn die Logenbrüder 1789 wegen seines libertären Lebenswandels zeitweilig ausgeschlossen hatten? Zwei weitere Argumente gegen eine freimaurerische Apologie bietet das Stück auf der inhaltlichen Ebene: Da ist zum einen der sich auf Papageno fokussierende Handlungsstrang, der durchgängig das Prüfungsritual parodiert, ins Lächerliche zieht und damit auf dessen für die Probanden unzumutbaren Details aufmerksam macht. Zum anderen: Was sollen wir eigentlich von Priestern denken, die Sklaven halten, aufgrund eines Kontrollwahns die übrigen Personen unter Dauerbeobachtung stellen und sogar dubiose Gestalten wie Monostatos für ihren Überwachungsstaat einsetzen?

Und dann gibt es da noch einen vierten Einwand gegen eine Glorifizierung der Freimaurerei: die Darstellung der Priesterwelt in der Musik. Zwar setzt sie die Priesterliturgie feierlich in Szene, andernorts aber bringt sie die Frauenfeindlichkeit der Eingeweihten schnörkellos zur Darstellung, wenn sie sich nicht sogar wie im Priesterduett Nr. 11 davon ganz distanziert. Anspruch und Wirklichkeit: In diese Antinomie stellt Mozarts Musik Sarastro und die Priesterschaft. Zwar ist damit nicht das priesterliche Streben nach geistiger Vervollkommnung des Individuums und nach einer aufgeklärten, vernünftigen und deshalb tugendhaften Gesellschaft in Abrede gestellt, denn das Gegenreich der Königin der Nacht ist durch den egoistischen Machtanspruch der Königin, ihre unzeitgemäße, gestrige Herrschaftsattitüde und ihre auf Furcht setzende Agitation zur Verunglimpfung der Eingeweihten diskreditiert. Doch auch der Vernunftideologie der Priester mangelt es an Humanität, wie das Prüfungsverfahren, insbesondere die hoch gefährliche Feuer- und Wasserprobe, erweist. Es ist also eine polare Welt, in der die *Zauberflöte* spielt, eine im Zustand der Inhumanität verharrende und in Feindschaften ineinander verkantete Welt; und dieses Verhärtungssyndrom haben die Priester eben mitverursacht. Kurzum: Nicht auf die Vervollkommnung der freimaurerisch inspirierten Priestermacht zielt das Werk, sondern die aufgeklärte Despotie der Priesterelite schafft im Wechselspiel mit dem absolutistischen Machtwillen der Königin die Problemlage des Stücks.

Wie aber kommen Handlung und Dynamik in dieses verspannte Szenario? Durch die jungen Leute, also durch Tamino und Pamina und durch Papageno und Papagena. Zwar unterscheiden sich die beiden Paare darin, was die jeweiligen Partner aneinanderbindet: ein geistig-seelisches Übereinstimmen hier, ein naturhaft-kreatürliches dort. Dennoch sind hohes und niederes Paar vom gleichen Bedürfnis beseelt: nämlich Liebe zu geben. Und aufgrund ihrer Liebesfähigkeit werden sie zu Transformatoren der in Lieblosigkeit erstarrten *Zauberflöten*-Welt. Damit dies gelingen kann, wachen die drei Knaben wie Schutzengel über die Liebenden. Aus welchem Grund? Weil in den drei Knaben noch die Erinnerung an eine Epoche ohne Geschlechterkampf lebendig ist: an das Goldene Zeitalter unter der Herrschaft des verstorbenen Mannes der nächtlichen Königin. Sie sind demnach Sendboten aus dieser glücklichen Vorzeit, und die Rückkehr der damaligen »holden Ruhe« ist ihr zentrales Anliegen.

Halten wir also fest: Die Wiederkehr der Liebe ist das Hauptmovens der Handlung, und das Bedürfnis, zu lieben, tritt umso bewegender in Erscheinung, als es die Protagonisten bereits beflügelt, ohne dass sie schon auf den künftigen Partner getroffen wären. Das gilt übrigens auch für Papagena, obgleich ihr Charakterprofil im Libretto nur angedeutet ist. Gemäß der Logik der Märchen ist gleich beim ersten Zusammentreffen mit Papageno sonnenklar, dass sie auf einen wie ihn schon immer gewartet hat. Nur daraus wird überhaupt verständlich, dass sie gegen den Willen der Eingeweihten laufend versucht, sich Papageno zu offenbaren.

Diese Liebeshaupthandlung wird dreifach kontrapunktiert: zum einen auf komische Weise durch die drei Damen, die den schönen Tamino wegen seines Sex-Appeals anhimmeln und ihren an Ehelosigkeit gebundenen Adelsrang bereuen, der sie von der Liebe abhält. Tragikomisch wiederum zeigt sich der Zustand der Lieblosigkeit in der Gestalt des Monostatos, der, wie sein sprechender Name schon sagt, »allein steht«, den der Mangel an Liebe sexsüchtig und gar zum Triebtäter macht. Und schließlich wird an der Gestalt des Sarastro exemplifiziert, dass hier jemand das Liebesmanko der *Zauberflöten*-Gesellschaft reflektiert. Denn mit Blick auf Pamina erkennt er zweierlei: dass er auf Pamina verzichten muss, um nicht zu einem zweiten Monostatos zu degenerieren, und dass der Priesterstaat und seine Regularien reformbedürftig sind, wenn sie liebende Menschen wie Pamina in die Verzweiflung treiben. Es deutet freilich nichts im Stück darauf hin, dass Sarastro quasi insgeheim die Fäden in der Hand hielte, um den Missstand einer lieblos gewordenen Gesellschaft beseitigen zu können.

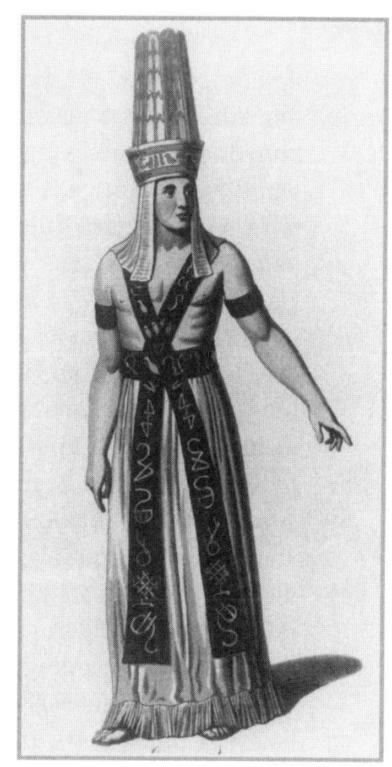

Figurine eines Priesters für die epochale Berliner »Zauberflöte« Karl Friedrich Schinkels von 1816.

Und so liegt es allein an den beiden Paaren und den helfend eingreifenden Knaben, für bessere Verhältnisse zu sorgen. Da ist einerseits die komische Rebellion des Papageno zunächst im 1. Akt gegen seine Zwangsverpflichtung durch die Königin, dann im 2. Akt gemeinsam mit Papagena gegen das absurde Prüfungsritual, eine Aufsässigkeit, die schließlich beiden ihr privates Glück beschert. Da ist andererseits Taminos aus Liebe getroffene Entscheidung zur Befreiung Paminas. Von diesem Ziel lässt er sich durch nichts abbringen, und dank seiner Beobachtungsgabe und dank seiner Klugheit, wendet er sich ganz pragmatisch von der Königin ab und den Eingeweihten zu, weil er zum einen den Manipulationswillen der Königin durchschaut hat und weil er zum anderen erkennt, dass er nur durch die Absolvierung des Prüfungsrituals die von den Eingeweihten gefangen gehaltene Pamina gewinnen kann. Und da ist zum dritten Paminas eigenständiger und leidvoller Weg durchs Stück, von dem Tamino übrigens viel weniger weiß als wir im Publikum, und der abseits des von den Eingeweihten nur für Tamino und Papageno vorgesehenen Prüfungsrituals verläuft. Vom ersten Moment ihrer missglückten Flucht vor Monostatos an handelt sie autonom, sodass sie sich schließlich nach ihrem von den Knaben verhinderten Selbstmord wie selbstverständlich in die Feuer- und Wasserprobe einschaltet. Damit bekommt das Prüfungsritual dank Paminas Eingreifen einen ganz neuen Sinn. Es ist nicht mehr die von den Priestern für Tamino verfügte Mut- und Bewährungsprobe, sondern der Beginn von Taminos und Paminas nun gemeinsamem Lebensweg. Voraussetzung für diesen entscheidenden Dreh des Stücks ist Taminos Eingeständnis, die Feuer- und Wasserprobe alleine womöglich nicht überstehen zu können. In diesem Moment der Einsicht wird ein Handlungsmotiv wirkungsmächtig, von dem bislang noch nicht die Rede war: Taminos unbedingtes Streben nach Klarheit und Wahrheit. Nur weil Tamino angesichts der »Schreckenspforten«, hinter denen »Not und Tod« lauern, Pamina aufrichtig seine Angst vor dem Scheitern bekennt, kann sie ihm überhaupt mit Rat und Tat zur Seite stehen.

Vor allem aber ist das Erkennen dessen, was wahr ist, nicht allein Taminos individuelles Bedürfnis, es ist überdies die dramaturgische Idee, mit der Mozart und Schikaneder das Publikum durchs Stück führen. Wir sind unablässig aufgefordert, die Vorgänge auf der Bühne zu hinterfragen. Wie uns schon die Ouvertüre durch einen Irrgarten führte, so ja auch die Oper selbst: Der Held war am Anfang noch gar keiner, er fiel vielmehr ängstlich in Ohnmacht, das Heroinenterzett der drei Damen offenbarte plötzlich allzu menschliche Gelüste nach einem jungen Mann, wir ertappten Papageno gleich zu Anfang bei einer dreisten Lüge, die Priester waren weniger menschenfreundlich, als sie sich selbst und uns glauben machten usw. Und auch die Musik mit ihren wechselnden Perspektiven – sodass sich zwischen ironischer Distanzierung vom Text und empfindsamer Innerlichkeit ein breites Spektrum auffächerte – forderte uns unablässig zu Hellhörigkeit und wachsamer Beobachtung auf.

Damit wird Taminos und Paminas Gang durch Feuer und Wasser auch unsere Nagelprobe fürs rechte Verständnis. Und den Fingerzeig gibt uns hier die Komposition. Denn hier klärt sich, warum Mozart den Orpheus-Mythos ins Handlungsgefüge integrierte. Es ist ja der Klang der Zauberflöte, der hier die Elemente bändigt. Die befriedende Wirkung der Musik, die sich bereits in der Besänftigung der wilden Tiere durch die

Zauberflöte und dem von den Zauberglöckchen veranlassten Sklaventanz gezeigt hat, führt also die abschließende Wende zum Guten herbei. Es ist wohl nicht zu hoch gegriffen, in der Idee, dass der Musik eine Befriedungsmagie innewohne, Mozarts musikalische Poetik und sein künstlerisches Vermächtnis zu erkennen. Wenn wir dann noch darüber reflektieren, dass Mozart für den Gang durch Feuer und Wasser und in den unmittelbar vorausgegangenen Ensemblegesängen subtile Anklänge an die Bildnis-Arie eingraviert hat, so liegt der Gedanke nahe, dass Musik sich hier als Liebeskunst offenbart. Damit ist das Gegeneinander der Geschlechter zugunsten eines Miteinanders aufgehoben, sodass schließlich jene Liebesharmonie, die Tamino und Pamina für sich herbeigeführt haben, ausstrahlt ins Allgemeine, wie der Anklang auf die von der Bildnis-Arie initiierten Liebesmotivik im Schlusschor zeigt. Ebenso ist im Schluss-Allegro der Gegensatz zwischen Priesterlichkeit und Weltlichkeit, zwischen sakraler und profaner Sphäre aufgehoben, wenn wir Mozarts Integration der VI. Stufe ins heitere Schlussritornell richtig verstehen.

Freilich bietet uns das abschließende Versöhnungsszenario eine exklusive Utopie. Papageno und Papagena haben an diesem geistigen Konzept keinen Anteil. Ihr selbstgenügsamer Weg der Sinnenfreude hat sie bereits weggeführt: in ein privat bleibendes, familiäres Glück. Genauso wenig sind die Königin der Nacht und ihre Entourage in die Schlussapotheose eingebunden, ihr finaler Untergang ist endgültig. Eine Versöhnung aller am Geschehen beteiligten Personen findet also im *Zauberflöten*-Finale nicht statt. Eines aber macht das Finale durch seinen, die Sarastro-Welt transzendierenden liebesmotivischen Beziehungszauber ohrenfällig: dass selbst eine aufgeklärt eingerichtete Gesellschaft weiterer Aufklärung bedarf, wenn sich in ihr der Vernunftgedanke verselbstständigt und zu unmenschlichen Zuständen geführt hat. Zwar soll, wenn wir das Welttheater der *Zauberflöte* recht begreifen, die Vernunft weiterhin herrschen, »jedoch«, um es mit Heinrich von Kleist zu sagen, »die lieblichen Gefühle auch.«

Die Rezeptions- und Inszenierungsgeschichte eines Dauerbrenners

Das Werk zu Mozarts Lebzeiten und im 19. Jahrhundert

Das *Musikalische Wochenblatt* vermeldete 1791 seiner Berliner Leserschaft unter dem Datum »*Wien*, den 9ten Oktob.« einen Misserfolg: »Die neue Maschienenkomödie: *Die Zauberflöte*, mit Musik von unserm Kapellmeister Mozard, die mit grossen Kosten und vieler Pracht in den Dekorationen gegeben wird, findet den gehoften Beifall nicht, weil der Inhalt und die Sprache des Stücks gar zu schlecht sind. Wir erwarten hier nun täglich die Ankunft des neuen Kaiserl. Kapellmeisters *Cimarosa*.« Mozart selbst hatte hingegen eine ganz andere Wahrnehmung. Er schrieb in der Nacht vom 7. auf den 8. Oktober, also eine Woche nach der *Zauberflöten*-Premiere an sein »liebstes, bestes Weibchen! – Eben komme ich von der Oper; – Sie war eben so voll wie allzeit. – das Duetto Mann und Weib etc: und das Glöckchen Spiel im ersten Ackt wurde wie gewöhnlich wiederhollet – auch im 2:t Ackt das knaben Terzett – was mich aber am meisten freuet, ist der Stille beifall! – man sieht recht wie sehr und immer mehr diese Oper steigt.« Und er ist glücklich über »die herrliche aufnahme meiner teutschen Oper.« Wir wissen nicht, warum der Korrespondent des *Wochenblatts* den Erfolg der *Zauberflöte* heruntergeschrieben hat. Wollte er sich bei Domenico Cimarosa oder dem Kaiser auf Kosten Mozarts einschmeicheln? Jedenfalls sollte Mozart mit seiner Einschätzung recht behalten: Während die *Zauberflöte* die erste Oper überhaupt war, die von der Uraufführung an unablässig gespielt und darüber hinaus spätestens im 20. Jahrhundert zur meistgespielten Oper überhaupt wurde, war dem *Musikalischen Wochenblatt* kein langes Leben beschieden: Bereits 1792 stellte es mangels Nachfrage sein Erscheinen ein.

Mozart hatte lediglich die ersten beiden Vorstellungen dirigiert und für die Folgeaufführungen Johann Baptist Henneberg, der während Mozarts Abwesenheit in Prag das Werk auch einstudiert hatte, die musikalische Leitung überlassen. Er hatte also Muße, sein Publikum eingehend zu beobachten. So scherzte der Komponist über seine Schwiegermutter: »Bey der Mama wirds wohl heissen, die *schauet* die Oper, aber nicht die *hört* die Oper.« Mozarts Nachsicht mit den Laien im Publikum, schlägt freilich in Spott um, wenn sich jemand als Kenner aufspielt, obwohl er keiner ist. Hart geht er deshalb mit einem Prominenten, dessen Namen er verschweigt, ins Gericht: Dieser »allwissende«, wie ihn Mozart ironisch nennt, »belachte alles«, selbst die feierlichen Szenen zu Beginn des 2. Akts. »Ich hiess ihn Papageno, und gieng fort – ich glaube aber nicht daß es der dalk verstanden hat.« Umso mehr freut er sich über das Lob seines Konkurrenten Antonio Salieri, den er zusammen mit der Sopranistin Caterina Cavalieri in eine Vorstellung eingeladen hatte: »Sie sagten beide ein Opera, – würdig bey der größten festivität vor dem größten Monarchen aufzuführen. [...] Er hörte und sah mit aller Aufmerksamkeit und von der Sinfonie [gemeint ist die Ouvertüre] bis zum letzten Chor, war kein Stück, welches ihm nicht ein *bravo* oder *bello* entlockte.«

Was Schikaneders Umgang mit der *Zauberflöte* in der Zeit nach Mozarts Tod betrifft, sind drei Punkte von Bedeutung. Zum ersten ist ab 1795 in den Libretto-Nachdrucken jene dritte Strophe des Auftrittslieds von Papageno »Wenn alle Mädchen wären mein« enthalten, die in der Re-

Mozart stört die Vorstellung

Wie glücklich Mozart über den Erfolg seiner *Zauberflöte* war, macht folgende Anekdote deutlich, die er am 8. Oktober unmittelbar nach einer Vorstellung seiner Frau mitteilt. Weil er Lust hatte, das Glockenspiel einmal selber zu spielen, begab er sich zur zweiten Papageno-Arie in die Kulissen: »Da machte ich nun den Spass, wie Schickaneder einmal eine haltung [also eine Pause] hat, so machte ich eine Arpegio – der erschrack – schauete in die Scene und sah mich – als es das 2:te. mal kamm – machte ich es nicht – nun hielte er und wollte gar nicht mehr weiter – ich errieth seinen Gedanken und machte wieder einen Accord – dann schlug er auf das Glöckchenspiel und sagte halts Maul – alles lachte dann – ich glaube daß viele durch diesen Spass das erstemal erfuhren daß er das Instrument nicht selbst schlägt.«

gel heute noch gesungen wird. Auch in anderen Aufführungen gab Schikaneder Zusatzstrophen in den Papageno-Liedern zum Besten, etwa um sich 1801 über eine Konkurrenz-Aufführung im Hoftheater am Kärntnertor lustig zu machen. Zum zweiten gleicht Schikaneders Wiederaufnahme des Werks am Theater an der Wien von 1802 einer starken Bearbeitung. Nicht nur bekommt Pamina eine weitere Arie zugewiesen, zwar aus Mozarts Feder, aber nicht für die *Zauberflöte* geschrieben. Überdies werden fremde Kompositionen, unter anderem ein Duett von Tamino und Papageno »Pamina, wo bist du«, in die Oper hineingetragen, die teilweise sogar Mozarts Originalmusik ersetzen. Zum dritten sollte *Der Zauberflöte zweiter Teil* unter dem Titel *Das Labyrinth oder Der Kampf mit den Elementen* 1798 in der Musik von Peter von Winter das Wiedner Theater füllen, eine Oper, die außer neuerlichen Entführungen und Prüfungen ein Wiedersehen mit fast dem gesamten Personal des Mozart-Stücks bietet und zudem Papagenos Eltern sowie eine Unzahl kleiner Papageno-Geschwister auf die Bühne bringt. An Schikaneders zeitweiligen Erfolg mit diesem handlungsprallen Action-Thriller, in dem sich schließlich sogar zwei feindliche Heere gegenüberstehen, konnten allerdings neuere Wiederbelebungsversuche (München 1978, Chemnitz 2002, Salzburg 2012) nicht anknüpfen.

Die Idee zu einer Fortsetzung der *Zauberflöte* kam indessen aus Weimar. Goethe höchst selbst ließ nämlich Anfang 1796 in Wien anfragen, ob dort an seinem Entwurf zu *Der Zauberflöte zweyter Theil* Interesse bestehe. Dem war jedoch nicht so. Trotzdem nahm Goethe dieses Fragment in den nächsten Jahren immer wieder vor. Schließlich brachte er es 1802 in den Druck. Das Geschehen kreist bei Goethe um die Errettung von Taminos und Paminas Sohn, der auf Geheiß seiner nach wie vor rachsüchtigen Oma mütterlicherseits entführt und in einen goldenen Sarg eingeschlossenen worden ist. Papageno und Papagena wiederum werden von Sarastro mit aus goldenen Eiern schlüpfenden Kindern beschenkt. Es sollte lange dauern, bis sich dafür ein Komponist fand. Erst 1891 kam in Karlsruhe eine *Sarastro*-Oper von Karl Goepfart auf die Bühne, die Goethes symbolüberfrachteten Entwurf aufgreift und in noch kühnerer Fantastik die Königin der Nacht einer schlussendlichen Läuterung zuführt. Wilhelm Rintels Konkurrenzfortschreibung von 1886 verzichtet wenigstens auf Goethes makabres Sarg-Motiv. Im selben Jahr veröffentlichte auch Martin Schultze den Text zu einer mit der Musik seines Vaters Heinrich August versehenen Fortsetzungsoper *Nitokris*. Über all diesen *Zauberflöten*-Opernnachklapp ist die Zeit ebenso hinweggegangen wie über Martin Vogels Libretto *Der Zauberflöte zweiter Teil* von 1990.

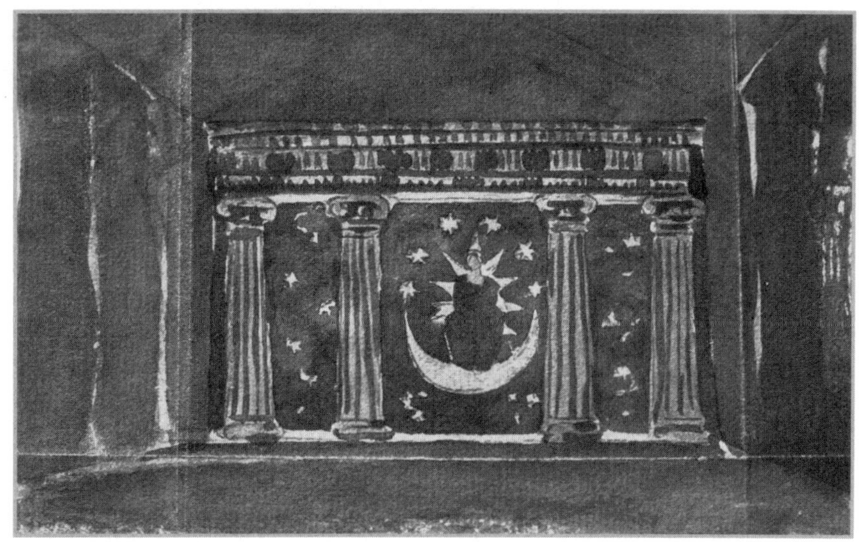

Doch kehren wir noch einmal ins Goethe-Umfeld zurück. Sein künftiger Schwager Christian August Vulpius störte sich dermaßen an Schikaneders Libretto, dass er die *Zauberflöte* nicht nur in einen Dreiakter verwandelte, sondern darüber hinaus umtextierte. Die Vulpius-Fassung ist im Januar 1794 in Weimar unter Goethes Ägide aus der Taufe gehoben und bald darauf in Mannheim nachgespielt worden. Und so erkundigt sich Goethes Mutter am 6. Februar nach dem Erfolg der Weimarer Produktion, zumal sie aus Frankfurt, wo das Schikaneder-Original gespielt wurde, zu berichten weiß: »Dencke! vorige Woche ist die Zauberflöthe zum 24ten mahl bey voll gepropftem Hauße gegeben worden, und hat schon 22.000 fl. eingetragen! Wie ist sie denn bey Euch executirt worden? Machens eure Affen auch so brav, wie unsere Sachsenhäußer?« Die Schlussfrage von Frau Aja, wie Goethes Mutter scherzhaft genannt wurde, gewährt uns übrigens Einblick in die damalige Aufführung. Denn bereits im November 1793 amüsierte sie sich darüber, dass Sachsenhäuser Kinder in Mozarts Oper »die Affen und Löwen machen«.

In Johann Wolfgang von Goethes Bühnenbildentwurf für die Weimarer Erstaufführung von 1794 erscheint die sternflammende Königin ganz und gar klassisch in einem griechischen Tempel.

Vulpius' Konkurrenzfassung traf natürlich auf Schikaneders Ablehnung, sie lässt auch uns Nachgeborene einigermaßen verblüfft auf den Text schauen. Vulpius eröffnet etwa die Rache-Arie der Königin der Nacht mit einem sinnwidrigen Akzent auf dem bestimmten Artikel: »Es sterbe *der* Tirann von deinen Händen«. Dann doch lieber Schikaneders Originalversion!

Je nun, es wollten damals viele den Hype um die *Zauberflöte* für sich nutzen. Hatten Lemberg und Prag für den Herbst 1792 erste Aufführungen außerhalb Wiens angezeigt, so brach ab dem Jahr 1793 eine wahre *Zauberflöten*-Welle über die großen und kleinen Bühnen zunächst vor allem in den deutschen Landen herein. Ende 1794 war die Oper bereits in fast 50 Städten zu sehen. Besonders bemerkenswert: die Prager Produktion von 1794, die auch in Dresden und Leipzig gezeigt wurde. Hier wurde die *Zauberflöte* nämlich in eine italienische Oper verwandelt, bei der die Sprechdialoge durch Rezitative aus der Feder von Johann Baptist Kucharž ersetzt wurden. Für Paris (1801) wiederum wurde das Stück von dem Böhmen Wenzel Lachnith zu einem kapitalen Vierakter gestreckt und mit Musik aus anderen Mozart-Opern, aber auch von Haydn und weiteren Komponisten aufgemöbelt. Mozarts Partitur musste sich tief greifende Änderungen gefallen lassen, verbliebene Ähnlichkeiten mit der Originalhandlung scheinen rein zufällig. Dieses unter dem Titel *Les Mystères d'Isis* (Die Isis-Mysterien) firmierende Machwerk wurde von Spöttern in *Les Misères d'ici* (Das hiesige Elend) umbenannt, und Hector Berlioz erklärte Lachnith gar zum Kretin. Freilich brachten es die Lachnith-Mysterien bis 1827 auf über 130 Aufführungen. Offenbar war es dem Komponisten in zweierlei Hinsicht gelungen, den französischen Zeitgeist zu treffen: Zum einen verwandelte er Mozarts Stück in eine durchkomponierte Grand Opéra, so recht nach dem damaligen Pariser Publikumsgeschmack mit den für diesen Operntyp charakteristischen Balletteinlagen samt der zugehörigen opulenten Ausstattung. Zum anderen waren die ägyptisierenden Bühnenbilder dieser Produktion ein Reflex auf Napoleons Ägyptenfeldzug von 1798 bis 1801. Die Umwandlung der Sprechszenen in Rezitative wurde übrigens bis ins 20. Jahrhundert praktiziert. Noch 1914 ließ sich etwa Thomas Beecham für seine Produktion am Londoner Drury Lane Theatre von Emil Kreuz Orchesterrezitative arrangieren, die nicht nur auf deutsch, sondern auch in einer englischsprachigen Version gesungen wurden.

Gehen wir noch einmal zurück in die Schikaneder-Epoche: Wohl der politischen Hysterie angesichts der Französischen Revolution sind mehrere allegorische *Zauberflöten*-Deutungen geschuldet, die in den frühen 1790er-Jahren in Umlauf kamen. Danach repräsentiert die Königin der Nacht, wie das *Journal des Luxus und der Moden* 1794 anmerkt, »die vorige Französische Regierung«, während ein Regierungsrat Johann Valentin Eybel in der *Linzer Zeitung* in ihr die Jakobinische Philosophie verkörpert sieht. Haben nach der einen Version »Weisheit und neue Gesetzgebung« in Sarastro Gestalt angenommen, so ist er in der anderen nichts weniger als das fürsorgliche Österreich. Symbolisiert Papageno hier »die

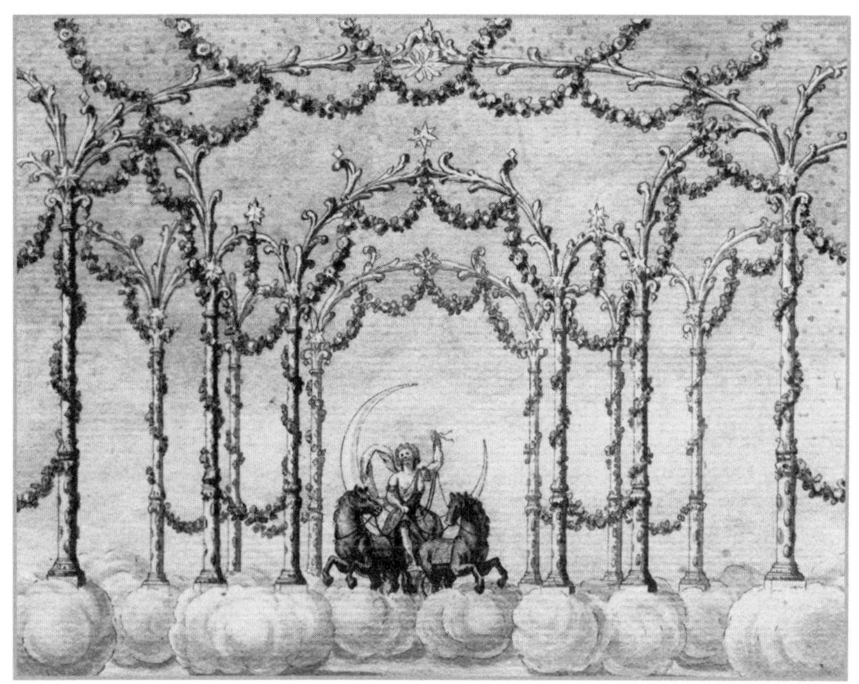

Reichen«, so dort die Jakobiner. Das ist mitunter ziemlich an den Haaren herbeigezogen, zeigt aber, wie die *Zauberflöte* aufgrund ihrer Allgegenwart zu einer Projektionsfläche für alle möglichen Gedanken, mochten sie noch so abwegig sein, avancierte.

Wer aber machte neben den Bühnen die *Zauberflöte* dermaßen populär? Insbesondere die Notenverlage. Zunächst wurden noch im Uraufführungsjahr von Wiener Verlagen Einzelnummern fürs häusliche Musizieren und Singen auf den Markt geworfen. Unter anderem veröffentlichte damals der Mozart-Schüler Anton Eberl bei Artaria zwölf Klaviervariationen über »Bey Männern, welche Liebe fühlen«. Indem Eberl das knappe Instrumentalvorspiel des Duetts als Frage-Antwort-Spiel zwischen tiefer und hoher Lage inszeniert, scheint bereits in diesem frühen *Zauberflöten*-Ableger jenes Wechselspiel zwischen Streichern und Bläsern (siehe S. 64) widergespiegelt, das die Philologie nicht zweifelsfrei belegen kann. Auch Beethoven sollte Jahre später – vermutlich 1801 – sieben Variationen über das Duett schreiben, allerdings für Klavier und Cello (WoO 46). Vorausgeschickt hatte er für dieselbe Besetzung zwölf Variationen über »Ein Mädchen oder Weibchen«

Giuseppe Quaglios Aquarell zum Bühnenbild der Münchner Erstaufführung von 1793 inszeniert die Königin der Nacht als elegante Rokoko-Fürstin.

Die verschlimmbesserte »Zauberflöten«-Version von Christian August Vulpius

1794 in Weimar in dreiaktiger Fassung erstaufgeführt, hatte Goethes künftiger Schwager Christian August Vulpius seiner *Zauberflöten*-Bearbeitung insbesondere eine neue Diktion verpasst. Es sei dahingestellt, ob die Bildnis-Arie mehr Sanglichkeit aufweist, wenn es heißt: »Dies Bild, o! wie bezaubernd schön! Welch Glück, die Schöne selbst zu seh'n!« Aus den utopischen Schlusszeilen von Papagenos und Paminas Duett über die Liebe aus dem 1. Akt jedenfalls wird bei Vulpius geradezu eine Trivialität:

Schikaneder:	Vulpius:
Ihr hoher Zweck zeigt deutlich an: Nichts Edlers sei, als Weib und Mann. Mann und Weib und Weib und Mann Reichen an die Gottheit an.	Was Liebe thut, ist wohlgethan! So finden froh sich Weib und Mann. Mann und Weib und Weib und Mann wandeln froh die Freudenbahn.

op. 66. Überdies wurde die Weise des Papageno-Lieds recht bald Ludwig Christoph Heinrich Höltys Tugendpreis »Üb' immer Treu und Redlichkeit« angepasst, sodass sie auf Veranlassung der Preußen-Königin Luise seit 1797 in dieser vereinfachten und verkürzten Version jeweils zur halben Stunde vom Glockenspiel der Potsdamer Garnisonskirche herab erklang. Ebenso wenig ließen die Bearbeitungen von Zugnummern der Oper für Bläserensembles lange auf sich warten, eine erste dieser sogenannten Harmoniemusiken brachte Joseph Heidenreich bereits im Januar 1792 heraus. Tanz-Arrangements und mehr oder weniger vollständige Klavierauszüge gelangten in kürzester Zeit auf den Markt, der bald nicht nur von Wiener Verlegern beliefert wurde. Breitkopf in Leipzig legte 1794 den ersten Klavierauszug mit italienischen Texten vor. In Abschriften wiederum kursierten Partitur und Stimmenmaterial, und 1814 wurde von Simrock in Bonn die erste Partitur des Werks gedruckt – mit deutschen und italienischen Texten. Schikaneder und die Mozart-Erben profitierten aufgrund des fehlenden urheberrechtlichen Schutzes von dieser *Zauberflöten*-Welle freilich nicht.

Für die frühe Inszenierungsgeschichte ist überraschend, dass eine ägyptisierende Ausstattung, wie sie etwa das Frontispiz des Original-Librettos nahelegte, zunächst nicht im Fokus stand: So geben Joseph und Peter Schaffers vielleicht von Schikaneders Produktion inspirierte Kupferstiche (wohl von 1794) griechisch-römische Szenerien wieder, und Giuseppe Quaglio schuf 1793 für München rokokonahe Bühnenbilder. Stilbildend bis ins späte 20. Jahrhundert hinein sollten hingegen Karl Friedrich Schinkels 1816 für Berlin geschaffene Bühnendekorationen sein. Etliche Szenen von Verdis *Aida* könnten sich in Schinkels grandioser Ägypten-Imagination zutragen. Untrennbar mit Mozarts Oper hat sich vor allem Schinkels in den tiefblauen Sternenhimmel entrückte Königin der Nacht verbunden. Die *Zauberflöte* als hoch erhabenes Mysterienspiel: In dieser Bühnenbild-Ikone wird diese Sicht auf das Werk zum ersten Mal Wirklichkeit. Noch 1994 ließ sich August Everding für seine nach wie vor im Repertoire befindliche Inszenierung an der Berliner Staatsoper Unter den Linden von seinem Bühnenbildner Fred Berndt Repliken nach Schinkel anfertigen, wobei es in den altehrwürdig anmutenden Kulissen freilich gehörig menschelt.

Simon Quaglio wiederum reagierte 1818 in München zeitnah auf Schinkel: Er dämonisierte Schinkels nächtliche Königin, indem er sie mit gespenstischen Figuren, Nachtvögeln und einem sie umwehenden

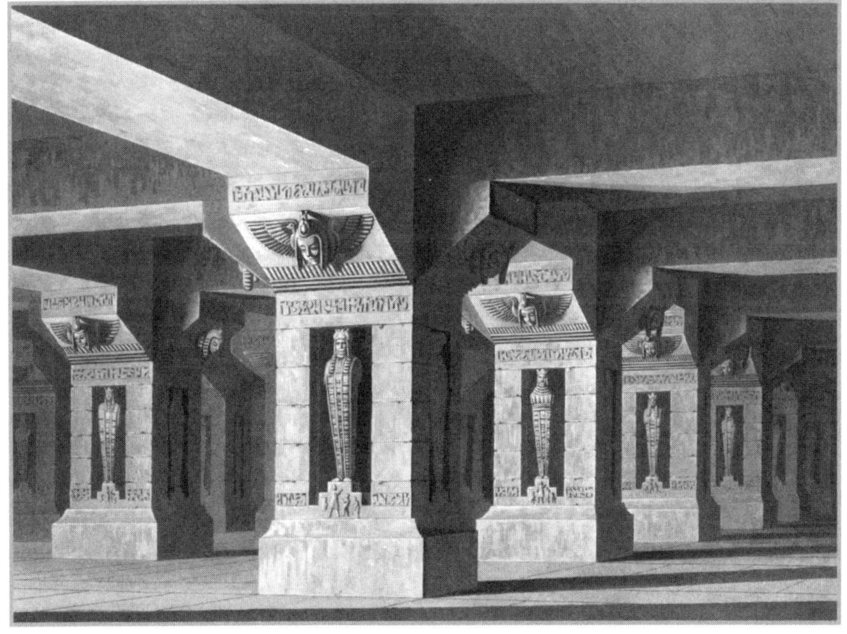

Der unterirdische Berliner Sitzungssaal von Sarastros Eingeweihten, wie ihn Karl Friedrich Schinkel 1816 auf die Bühne stellte: In ihm könnte sich auch die Priesterschaft aus Giuseppe Verdis »Aida« getroffen haben.

Eine Frühform des Merchandising: Die »Zauberflöten«-Mode

Das *Journal des Luxus und der Moden* amüsiert sich im August 1794 über den *Zauberflöten*-Boom, der über »Teutschland« hereingebrochen sei. Die Oper sei »für unsre Notenstecher und Musikhändler [...] eine wahre Goldgrube von Potosi; denn sie ist in allen Noten-Offizinen theils ganz, theils en hachis [durch den Wolf gedreht] in einzelnen Arien und Fragmenten, im Clavier-Auszuge, mit oder ohne Gesang, variirt und parodirt, gestochen und geschrieben herausgekommen, und auf allen Messen und Jahrmärckten zu haben. Unsern Stadpfeifern, Prager-Musikanten, Bänkelsängern, und Marmotten-Buben, hat sie Brod und Verdienst gegeben, denn auf allen Messen, in Bädern, Gärten, Caffeehäusern, Gasthöfen, Redouten und Ständchen, wo nur eine Geige klingt, hört man nichts als Zauberflöte, ja sie ist sogar auf allen Walzen der Dreh-Orgel und Laterne-Magique verpflanzt worden. Sie liegt auf allen Klavieren unserer lernenden und klimpernden Jugend; hat unsern großen und kleinen Buben Papageno-Pfeifchen, und unsern Schönen neue Moden, Coeffüren und Stirnbänder, Müffe und Arbeitsbeutel à la Papagena gegeben«.

Sternenfirmament-Schleier umgab. Die weitere Inszenierungsgeschichte ist im 19. Jahrhundert stark von der Praxis bestimmt, unter Einbeziehung »stückfremder, aber optisch erträglicher Teile aus dem Fundus« (Jürgen Schläder) eher ein »Konglomerat von pittoresken Einzelansichten«, als eine durchdachte Bilderfolge zu erstellen. Um so stimmiger präsentiert sich Moritz von Schwinds der *Zauberflöte* gewidmetes und in den Jahren 1864 bis 1868 gefertigtes Bildprogramm für die Loggia der Wiener Staatsoper – eine Werkhommage und -vereinnahmung in einem. Denn indem diese präraffaelitischen Fresken einen Repräsentationsbau der Donaumetropole ausschmücken, wird Mozarts Oper zum Schauobjekt für das kulturelle Selbstverständnis des österreichischen Kaiserreichs.

Eine liebenswürdige wienerische Vereinnahmung gelang 1842 wiederum Joseph Lanner: Sein *Mozartisten-Walzer* op. 196 – eine Kreuzung zwischen *Zauberflöte* und *Don Giovanni* – ist ein vertanztes »Erkennen Sie die Melodie?«, in dem schließlich die *Zauberflöten*-Ouvertüren-Fuge in einer ¾-Takt-Fassung vorübereilt, um die Tanzpaare gehörig aus dem Takt zu bringen.

Literarisch-philosophische Diskussionen und die »Zauberflöte« als Subtext bis ins 20. Jahrhundert

Neben ihrer Theaterpräsenz war die *Zauberflöte* im 19. Jahrhundert ein Ereignis des literarisch-philosophischen Diskurses. Angestoßen durch die Kritik am Libretto, war es Goethes mildes Urteil, das die Richtung vorgab. Zwar wimmele der Text, so Goethe 1823, »von Unwahrscheinlichkeiten und Albernheiten, sei aber reich an Kontrasten, und sein Verfasser habe auf jeden Fall sehr gründlich die Kunst verstanden, theatralische Effekte zu erzielen.« Uneingeschränktes Lob zollte freilich Georg Wilhelm Friedrich Hegel in seinen *Vorlesungen über die Ästhetik* Schikaneder. Der habe »den rechten Punkt getroffen: Das Reich der Nacht, die Königin, das Sonnenreich, die Mysterien, Einweihungen, die Weisheit, Liebe, die Prüfungen und dabei die Art einer mittelmäßigen [also: maßvollen] Moral, die in ihrer Allgemeinheit vortrefflich ist, – das alles, bei der Tiefe, der bezaubernden Lieblichkeit und Seele der Musik, weitet und erfüllt die Phantasie und erwärmt das Herz.« Die Anerkennung fürs bunte Szenario wird auch von Richard Wagner geteilt, doch lenkt er die Aufmerksamkeit 1840/41 vollends weg vom Text auf die Musik: »Die Quintessenz aller edelsten Blüten der Kunst scheint hier zu einer einzigen Blume vereint und verschmolzen zu sein. Welche ungezwungene und zugleich edle Popularität in jeder Melodie, von der einfachsten zu den gewaltigsten! – In der Tat, das Genie tat hier fast einen zu großen Riesenschritt, denn, indem es die deutsche Oper erschuf, stellte es zugleich das vollendetste Meisterstück derselben hin, das unmöglich übertroffen, ja dessen Genre nicht einmal mehr erweitert und fortgesetzt werden konnte.« Von bemerkenswerter Hellsicht ist vor allem Wagners musikhistorische Einordnung der *Zauberflöte*, wonach sie ein Unikat sei, das letztlich keine Gattungstradition eröffnet habe.

In Søren Kierkegaards Hauptwerk *Entweder – Oder* von 1843 lässt sich dann die philosophische Anverwandlung der Oper beobachten: Kierkegaard begeistert sich zwar für die Unmittelbarkeit und die Lebenslust Papagenos, wie sie im Spiel auf der Panflöte zum Ausdruck komme. Im Gegensatz dazu ist Tamino für Kierkegaard »keine musikalische Figur«, weil diese von »der verfehlten Anlage der ganzen Oper« geprägt sei, der »als Ziel der Entwicklung [...] die ethisch bestimmte Liebe, oder die eheliche Liebe gesetzt« sei. Und hierin liege der Hauptfehler des Stücks, denn was diese Art von Liebe »auch sonst bedeute, moralisch oder bürgerlich geredet, musikalisch ist sie nicht«. Aus anderem Grund konnte auch der Frauenverächter Arthur Schopenhauer mit Taminos und Paminas Liebe nichts anfangen. Gemäß seiner Wertschätzung der Willensverneinung spekulierte er in den *Parerga und Paralipomena* von 1851 darüber, ob die Oper nicht ein gelungeneres Finale aufwiese, wenn Tamino auf Pamina verzichten würde und »statt ihrer allein die Weihe im Tempel der Weisheit verlangte und erhielte«.

Dass die *Zauberflöte* unverzüglich ins Repertoire des bürgerlichen Bildungskanons eingegliedert wurde, belegen in der Literatur etliche parodistische Zitate: etwa in Ludwig Tiecks Komödie *Der gestiefelte Kater* (1797/1811) oder auch in E. T. A. Hoffmanns satirischem Roman *Lebens-Ansichten des Katers Murr* von 1819/21. Auch in Joseph von Eichendorffs *Dichter und ihre Gesellen* (1834), in Heinrich Heines *Reisebildern* (1826–1831), in Johann Nestroys *Lumpacivagabundus* (1833) finden sich scherzhafte Verweise. Noch in Detlev von Liliencrons einen Hausmusikabend karikierendem Gedicht *Reinigung* von 1883 genügt als Stichwort »O Isis«, um zu wissen, dass dort Sarastros Arie zum Besten gegeben wird.

Für Fontanes 1889/90 veröffentlichten Roman *Stine*, in dem sich zwei Hauptfiguren die Spitznamen Sarastro und Papageno zulegen, wird die *Zauberflöte* sogar zum Subtext. Wenn etwa anlässlich einer abendlichen Hausmusik Paminas und Papagenos »Bei Männern, welche Liebe fühlen« zum Gesprächsthema wird, wird die sich anbahnende Mesalliance der kleinbürgerlichen Titelheldin mit einem kränklichen Grafen zum tragischen Gegenbild von Mozarts die Ständegrenzen überwindender Duett-Utopie.

Detlev von Liliencron: Reinigung (1883)

Es singt ein Lied von Felix Mendelmaier
Der lange Lieutenant mit dem Ordensbändel
Das alte Fräulein brütet Rätseleier,
Besorgt den Thee und duftet nach Lavendel.
»O Isis« baßt der Rath, der liebe Schreier.
Weh mir, wie langsam schwingt der Abendpendel.
Zu Ende. Gott sei Dank. Ich atme freier,
Und bade mich daheim in Bach und Händel.

Die *Zauberflöte* als Subtext: Das kann auch für Richard Straussens und Hugo von Hofmannsthals Oper *Die Frau ohne Schatten* gelten, in der wie bei Mozart ein hohes und ein niederes Paar einem Prüfungsprozess unterzogen werden. Und auch Michael Tippetts Oper *The Midsummer Marriage* mit zwei Paaren auf einem psychedelischen Erkenntnis-Trip kann als moderne *Zauberflöte* angesehen werden. Aber mit diesen 1919 bzw. 1955 uraufgeführten Werken sind wir bereits ins 20. Jahrhundert vorgestoßen, ebenso mit Thomas Bernhards Schauspiel *Der Ignorant und der Wahnsinnige* von 1972, in dem eine unter ihrem Dasein als »Koloraturmaschine« leidende Opernsängerin dermaßen mit ihrer Rolle identifiziert wird, dass sie auf dem Besetzungszettel von Bernhards Schauspiel als »Königin der Nacht« gelistet ist.

Inszenierungen in der ersten Hälfte des 20. Jahrhunderts

Indessen fand die Begegnung der Literatur mit der *Zauberflöte* im 20. Jahrhundert auf einem Nebengleis der Rezeptionsgeschichte statt. Für das Publikum blieb die Bühne der eigentliche Erlebnisraum zur Erkundung der *Zauberflöte*, allerdings seit Ausgang des Jahrhunderts auf einer neuen Basis der Texttreue, nachdem sich in den zurückliegenden Jahrzehnten allenthalben ein schludriger Umgang mit der Partitur eingeschlichen hatte. Es entsprach also durchaus nicht den damaligen theaterpraktischen Usancen, was wir heute für eine Selbstverständlichkeit halten: dass sich nämlich Ernst von Possart 1898 für seine Inszenierung in München an den originalen Notentext hielt. Allmählich wurde man auch der Ägyptomanie, der selbst Possarts Bühnenbildner Karl Lautenschläger noch huldigte, überdrüssig. 1917 schrieb etwa der Mannheimer Nationaltheaterintendant Carl Hagemann, die *Zauberflöte* habe »mit der Freimaurerei wenig, mit Aegypten aber garnichts zu tun.« Stattdessen bot er seinem Publikum ein »Märchen-Mysterium«. Auch Max Slevogt, dessen *Zauberflöten*-Radierungen *Randzeichnungen zu Mozart's Handschrift* von 1918 bis 1920 bereits ägyptisches Dekor vermieden, entwarf für eine Produktion der Berliner Staatsoper impressionistische Bühnenbilder mit mythischem Touch. Doch scheiterte die für 1928 geplante Realisierung auf dem Theater. Die abstrakten Bühnenbilder, die Ewald Dülberg für eine Produktion an Otto Klemperers Berliner Kroll-Oper (1929) schuf, waren wiederum der Neuen Sachlichkeit verschrieben.

Eine unerwartete Kontinuität zu den gerade erwähnten Bestrebungen, die *Zauberflöten*-Inszenierungen aus freimaurerischen und ägyptisierenden Klischees zu lösen, war dann auf den Bühnen des Dritten Reichs zu beobachten, denn im Wissen um die Verfolgung der Freimaurer durch die Nazis wurde die *Zauberflöte* für die Intendanten zu einem heiklen Stück, sodass ihre Aufführungen von 195 in der Spielzeit 1932/33 auf 144 in der Spielzeit 1937/38 fielen. Zwar wurde der Brecht-Mitarbeiter Caspar Neher dafür kritisiert, dass er 1936 in Duisburg das Werk in stark stilisierten Kulissen spielen ließ. Doch nicht weniger scharf wurde 1938 eine unter »Ariern« sich zutragende Produktion an der Volksoper Berlin von Carl Möller (Regie) in klassizistischem Dekor (Walter Kubbernuß) mit Eingriffen in den Gesangstext beurteilt, der übrigens 1940 in München eine Inszenierung Rudolf Hartmanns mit Sarastro als Anführer eines Apollo-Kults folgte. Dies aber entsprach ebenso wenig der Parteilinie der NSDAP wie Friedrich Kranichs Umdichtung des nun *Die Liebesprobe* heißenden Werks aus dem Jahr 1939. Warum also scheuten die Nazis – anders als etwa bei Beethovens *Fidelio* oder Wagners *Meistersingern von Nürnberg* – vor einer ideologischen Vereinnahmung und Manipulation des Werks zurück? Ganz einfach: weil das Führerprinzip galt. Und Hitler hatte hinsichtlich der *Zauberflöte* eben andere Wünsche. Beispielsweise warnte er auf dem Nürnberger Reichsparteitag von 1937 davor, Werke

Florence Foster Jenkins: Eine Königin der Nacht außer Konkurrenz
Am 25. Oktober 1944 wurde in der ausverkauften New Yorker Carnegie Hall in Sachen Mozart Interpretationsgeschichte geschrieben: Nach etlichen als Geheimtipp gehandelten Auftritten im Ritz-Carlton-Hotel debütierte mit 76 Jahren im berühmtesten Konzertsaal der USA die amerikanische High-Society-Dame Florence Foster Jenkins an der Seite ihres Pianisten Cosmé Mc Moon mit einem Solo-Programm, dessen Höhepunkt die Rache-Arie der Königin der Nacht war. Der Eindruck war nachhaltig, etlichen Besuchern standen Tränen in den Augen – aus welchen Gründen auch immer. Wir nehmen einmal an, dass Mme. Jenkins, wie sie sich nannte, nur unwesentlich von jener Interpretation abwich, die sich auf einer in den Jahren zuvor aufgenommenen Schallplatte für die Ewigkeit erhalten hat. Und so fragen wir angesichts dieses faszinierenden Tondokuments: Welche ihrer Konkurrentinnen hätte je die Courage zu einem solchen Akt der Selbstverwirklichung gehabt? Eine Sängerin, die dieser Extrem-Arie stimmtechnisch gewachsen ist, hat ja leicht reden: Man tritt vors Publikum, singt und lässt sich feiern. Hingegen diese Diva der anderen Art: Ihr fehlte es an allen Voraussetzungen, die Töne auch nur annähernd zu treffen. Jenkins schüttere Sopranstimme kommt ohne sonore Mittellage, satte Tiefe oder zuverlässige Höhe aus. Der Rhythmus richtet sich nach der nicht vorhandenen Geläufigkeit der Gurgel. Dem Cover nach wird auf Englisch gesungen: Aber wer kann das mit letzter Sicherheit behaupten? Und was soll man vom hinzukomponierten mutmaßlichen d^3 als Schlusspointe halten? Kurzum: Wir erleben eine Ästhetik des Unvermögens, deren überraschendes Spannungsmoment aus der Verwirklichung der Maxime »Knapp daneben ist auch vorbei!« herrührt. Warum wir diese bald nach dem späten Höhepunkt ihrer Konzertlaufbahn leider verstorbene Künstlerin bewundern? Weil ihre unfreiwillige Komik von der Tugend der Nonchalance beflügelt war. Und so lässt ihr selbstentworfenes Lieblingskostüm mit angehefteten goldenen Flügeln, in dem sie sich als »Engel der Inspiration« präsentierte, ihre Fans hoffen, dass Florence Foster Jenkins in ihrem Tun glücklich war.

wie die *Zauberflöte* ideologiekonform umzumodeln. Die *Zauberflöte* als Volksmärchen, orientiert an der Uraufführung von 1791, oder als Revue: Das war es, was der Führer wollte.

Damit manifestiert sich in den oben erwähnten *Zauberflöten*-Anpassungen an die Nazi-Ideologie vor allem Kriechertum und vorauseilender Gehorsam. Denn eine *Zauberflöte* im nationalsozialistischen Gewand war ja von den braunen Machthabern noch nicht einmal eingefordert worden. Da mutet es geradezu kurios an, dass Gustaf Gründgens' 1938 an der Berliner Staatsoper gezeigte Märcheninszenierung dem Geschmack der damaligen Führungsschicht am nächsten kam, weil sie eben kein ideologisches Konzept verfolgte: In dieser von Herbert von Karajan dirigierten Produktion, von der sich als erste Schallplatte des Dirigenten überhaupt die Ouvertüre erhalten hat, waren Freimaurerei und Ägypten keine verbergenswürdigen Anstößigkeiten. Indem Gründgens auf Pantomime und spektakuläre Maschineneffekte setzte, war der Erfolg gesichert. Gründgens Inszenierung wurde dann auch 1941 in Wien gezeigt, anlässlich der monumentalen Mozart-Woche zum 150. Todestag des Komponisten.

Die von den Nazis Verfolgten und ihre Bemühungen um die *Zauberflöte* sollen in diesem Zusammenhang nicht unerwähnt bleiben. 1936 brachte der Jüdische Kulturbund in Frankfurt eine *Zauberflöte* unter der Leitung Richard Karps heraus. Und der aus Dresden verjagte Fritz Busch dirigierte das Werk 1935 beim Glyndebourne Festival; Bruno Walter folgte 1941 an der New Yorker Met mit einer Produktion in englischer Sprache. Zum Kapitel der *Zauberflöte* im Exil gehört auch Herbert Grafs Inszenierung von 1937 für die Salzburger Festspiele unter Leitung des Jahrhundert-Dirigenten und Nazi-Gegners Arturo Toscanini, ein halbes Jahr vor dem Anschluss Österreichs an das Deutsche Reich.

Inszenierungen seit der Nachkriegszeit

Wenden wir uns den Bühnenproduktionen der Nachkriegszeit zu, können wir ein gesteigertes Interesse der Bildenden Künstler an der *Zauberflöte* beobachten. Das ist nicht verwunderlich, denn die *Zauberflöte* ist mehr als viele anderen Opern auch ein Schaustück. Nach Max Slevogt in der Vorkriegszeit war es nun Oskar Kokoschka, der in seiner für die Salzburger Felsenreitschule entworfenen *Zauberflöten*-Ausstattung von 1955 zugunsten einer zwischen Sonnen- und Mondmythos changierenden Lichtdramaturgie auf ägyptisierende Elemente verzichtete. Die zugehörigen Figurinen – ebenso diejenigen für die Genfer Produktion von

1965 – haben die Zeiten überdauert und bezeugen Kokoschkas Freude an der Lebendigkeit des *Zauberflöten*-Personals. Für die New Yorker Met schuf dann 1967 Marc Chagall eine dermaßen in träumerischer Fantastik überbordende Bühnenausstattung (Regie: Günther Rennert), dass Alan Rich in der *World Journal Tribune* scherzte, viele Premierengäste wären überzeugt gewesen, »dass Marc Chagall die neue *Zauberflöten*-Produktion nicht nur ausgestattet hatte, sondern außerdem die Musik komponiert, das Libretto geschrieben, die Hauptrollen gesungen und dirigiert habe.« Dagegen übte sich David Hockneys Bühnengestaltung für das Glyndebourne Festival 1978 in größerer Zurückhaltung: Mit herabhängenden Soffitten und Prospekten knüpfte Hockney ans Barocktheater an, und in einer die Symmetrie betonenden Ausstattung mit Ägypten-Zitaten und Pop-Art-Design wird die Zentralperspektive zum Fluchtpunkt eines dem Sonnenfinale zustrebenden Geschehens. Einen skurrileren Ansatz wählte dann 1998 der Buchillustrator Michael Sowa in Zusammenarbeit mit Vincent Callara für seine surrealistische Ausstattung der Frankfurter *Zauberflöte* (Regie: Alfred Kirchner): In dem von Wunderwesen bevölkerten Bühnenraum ereignet sich, was ein Traum dem schlafenden Tamino vorgaukelt. Zwei Jahre später ist daraus ein preisgekröntes Kinderbuch *Prinz Tamino* (Text: Eckhard Henscheid) samt Papiertheater-Beilage hervorgegangen. Hingegen verfolgte der südafrikanische Künstler William Kentridge 2006 einen kulturkritischen Ansatz, als er in Brüssel eine Inszenierung über die problematische Macht einer unkontrollierten Aufklärung zeigte. Indem das Personal in Kostümen aus der Zeit um 1900 agierte, wurde die Kolonialismus-Metapher zur tragenden Idee. Eine Blackbox im Bühnenhintergrund lieferte mit Filmzuspielungen und von Kentridge gestaltetem Videomaterial den szenischen Kontrapunkt zum Operngeschehen.

Kentridges in mehreren Städten nachgespielte Inszenierung ist auch wegen ihres Multimedia-Konzepts zeittypisch. Einen frühen Beitrag zum Einsatz moderner Projektionstechniken lieferte übrigens bereits 1970 Josef Svoboda, als er in Günther Rennerts Münchner Inszenierung die Feuer- und Wasserprobe mithilfe von Laserstrahlen gestaltete. Von der Dominanz multimedialer Bühnentechnik war dann insbesondere die Produktion des katalanischen Teams La Fura dels Baus für die Ruhrtriennale 2003 geprägt, in der Lyrik von Rafael Argullol Schikaneders Texte ersetzte. Im Verzicht auf eine Handlung ereignete sich in dieser auch andernorts gastierenden *Zauberflöte* auf Matratzenelementen ein surreales Assoziationstheater, durchaus angereichert mit artistischen Effekten. Weniger verkopft ging es in Barrie Koskys in Zusammenarbeit mit der britischen Theatertruppe »1927« gestaltete und auf die Stummfilmästhetik rekurrierende Inszenierung der Komischen Oper Berlin von 2012 zu, die alsbald mit großem Erfolg durch die Lande tourte. Kaum zu glauben, mit welcher Lust am Absurden Kosky seine Protagonisten in die kuriosen Filmsequenzen integrierte!

Vor allem aber hält das traditionelle Regietheater die *Zauberflöte* nach wie vor auf nahezu allen Opernbühnen des deutschen Sprachraums präsent. Hier wird im Bühnenalltag durch grundsolides Inszenierungshandwerk gleichsam der Boden bereitet, auf dem experimentelle Ansätze wie der von La Fura dels Baus überhaupt erst gedeihen können. Zwar mögen selbst einst viel beachtete Inszenierungen wie etwa Walter Felsensteins neubarockes *Zauberflöten*-Welttheater (1954 an der Komischen Oper Berlin) inzwischen Theatergeschichte sein. Umso mehr erstaunt, dass sich an der Bayerischen Staatsoper August Everdings Inszenierung in Jürgen Roses poetischen Bühnenbildern seit 1978 ununterbrochen im

Julia Kleiter: Eine Pamina unserer Zeit

Eine Weltkarriere, die 2004 mit der *Zauberflöte* begann: Damals gab die Sopranistin Julia Kleiter ihr Operndebüt an der Pariser Bastille-Oper in einer Inszenierung von Bob Wilson als Pamina. Seitdem hat sie diese Rolle unter renommierten Dirigenten und Regisseuren interpretiert. Mark Minkowski, Claudio Abbado und Adam Fischer (New Yorker Met 2010) waren Julia Kleiters *Zauberflöten*-Dirigenten. Und immer wieder war sie Nikolaus Harnoncourts Pamina: 2007 in Martin Kušejs psychotheatralischer Zürcher Inszenierung und 2012 in Jens-Daniel Herzogs Salzburger Version. Ob Julia Kleiter etwas von Pamina in sich trägt? »Ihren positiven Willen, ich glaube, den habe ich auch«, so ihre Antwort. Und Zentrum ihrer Rollenauffassung ist Paminas Bestreben, »noch bevor sie überhaupt mit Tamino zusammengetroffen ist, Liebe zu geben und geliebt zu werden.« Doch wie kommt eine Künstlerin damit zurecht, eine Partie immer wieder aufs Neue in verschiedenen Inszenierungen zu gestalten? »Als Sänger tut man sich den größten Gefallen, wenn man frei an die Sache herangeht, so kommt man am besten zu einem Ergebnis. Ich durfte die Partie so weit ausloten, wie ich konnte.« Und nicht zuletzt in Herzogs ernüchternder Werkdeutung gelingt Julia Kleiter ein Pamina-Porträt, das sich von den traditionellen Rollenbildern unterscheidet, denn ihre Pamina ist keine passive Dulderin, sondern eine selbstbewusste junge Frau, die, so Kleiter, »ihrer Liebe und ihren Überzeugungen treu bleibt. Jemandem ein Leid anzutun, ist ihr allerdings unmöglich, auch, als ihre Mutter Sarastros Ermordung von ihr verlangt.«

Repertoire gehalten hat. Wohl auch, weil Everding den Gang des Dramas konsequent herausarbeitete: zielstrebig in den »neuen Garten Eden« – so Everding – der abschließenden Allversöhnung hinein, wo Tiere, Landvolk und Papageno samt Familie Taminos und Paminas Apotheose mitfeiern. Ein Dauerbrenner ist die *Zauberflöte* wiederum an der Wiener Staatsoper, in der sie seit der Eröffnung 1869 mehr als tausend Mal gegeben wurde. Immerhin 13 Jahre lang hielt sich dort Marco Arturo Marellis in einem schräg gestellten, weißverfliesten Kubus sich zutragende Inszenierung aus dem Jahr 2000 auf dem Spielplan. Hingegen vermittelt Moshe Leisers und Patrice Cauriers Nachfolgeinszenierung im Haus am Ring Vorstadttheaterambiente: Eine revueartige Nummernfolge wird geboten, mitunter vor einem weißen Zwischenvorhang, um in einem mit allerlei Gags angereicherten Entwicklungsroman Taminos Weg vom Märchenprinzen zum Anzugträger zu beschreiben.

Manfred Trojahn: Ein Komponist blickt skeptisch auf die *Zauberflöte*

Um es vorauszuschicken: Manfred Trojahn ist ein Mozart-Enthusiast, und das Opernschaffen des 1949 geborenen Komponisten hat mit dem Mozart-Theater gemeinsam, dass es von den Bühnenfiguren her konzipiert ist und nicht wie etwa bei Richard Wagner aus der Perspektive einer philosophischen Idee oder gar einer Ideologie. Das paradigmatische Opernwerk für Trojahn ist aber gerade nicht die *Zauberflöte*, sondern der *Don Giovanni*. Warum? Weil Trojahn nach eigenem Bekunden »in der Oper stets auf der Seite der Bösen ist, denn beinahe immer ist den Komponisten zu denen doch mehr eingefallen«. In der *Zauberflöte* fallen nach Meinung Trojahns die Bösen hingegen »leider kaum ins Gewicht«. In Trojahns sardonischer Kritik ist natürlich ein Schuss Provokation. Und die zielt vor allem auf *Zauberflöten*-Inszenierungen, die sich darauf verlegt haben, die »edle Moral […] feierlich herauszuarbeiten«. Umso erfreuter reagierte Trojahn auf Achim Freyers Hamburger *Zauberflöten*-Inszenierung aus den 1980er-Jahren. Denn »es kam auf der Szene die Ironie hinzu, die beinahe immer fehlt; wenn man dieses Stück hört und sieht, scheint sie mir zum Verständnis der Musik ganz unerlässlich.« Trojahn führt dieser Gedanke zu einer grundsätzlichen Erkenntnis über das, worauf es im Opern-Theater ankommt: »Das Zusammenspiel von Hören und Sehen ist es, das die Oper überhaupt ausmacht, und am Beispiel der von mir ungeliebten *Zauberflöte* war es dann doppelt spannend zu bemerken, wie wichtig Oper sein kann, wenn diese Voraussetzung begriffen wird.«

Am umfassendsten informierten die Salzburger Festspiele über das Spektrum moderner *Zauberflöten*-Interpretationen, indem dort das Stück seit der Jahrtausendwende immer wieder in enorm divergierenden Produktionen auf dem Spielplan stand. Den Anfang dieser Reihe machte Achim Freyers zwischen 1997 und 2002 mehrfach wiederaufgenommene *Zauberflöte*. Ohnehin ist für Freyer Mozarts letzte Oper ein Lebensthema, wie weitere Inszenierungen belegen. So ist seine 1982er-Version nach wie vor in Hamburg und seine 2002 für Schwetzingen entstandene Fassung noch zwölf Jahre später in Dresden auf dem Spielplan. Für die Salzburger Felsenreitschule nun schuf Freyer ein Wundertheater im Zirkusstil. Oper »als kunstvolles Kinderspiel«, so brachte es seinerzeit Klaus Umbach im *Spiegel* auf den Punkt. Auf weniger Gegenliebe stieß Graham Vicks in einem Altersheim spielende Version von 2005, weshalb im Jahr darauf zur Feier von Mozarts 250. Geburtstag ein Ersatz her musste: eine Inszenierung Pierre Audis, die bereits 1995 in Amsterdam Premiere gehabt hatte. Das Märchengeschehen spielte dieses Mal in bonbonfarbenen, mitunter an afrikanische Skulpturen erinnernden Requisiten des holländischen Bildhauers und Malers Karel Appel im Großen Festspielhaus. Diesem knallbunten Faszinosum antwortete 2012 Jens-Daniel Herzog in der Felsenreitschule mit einer *Zauberflöte* dezidiert für Erwachsene. Für dieses Theater der Grausamkeit und der Desillusionierung, in dem am Schluss beide Liebespaare das Weite suchen, lieferten Nikolaus Harnoncourt und sein Concentus musicus – ganz auf die Bühnenvorgänge fokussiert – die orchestrale Grundlage. Den heiteren Kontrapunkt dazu bot in der Großen Universitätsaula eine *Zauberflöte* für Kinder, eine Übernahme aus dem Opernhaus Zürich, eingerichtet und betreut von Ulrich Peter. Bleibt jedoch zu hoffen, dass diese Aufteilung des Publikums in Alt und Jung ein Festspielexperiment bleibt und nicht Schule macht. Denn von welcher Oper sonst kann man mit Fug und Recht sagen, dass sie ein Stück für die Familien ist, ein Werk für Erwachsene *und* Kinder?

Die »Zauberflöte« im Schallplattendschungel

Neben der Bühne war im 20. Jahrhundert die Schallplatte für die *Zauberflöte* das wichtigste Verbreitungsmedium. Mit ihr stoßen wir also in jene Phase der Erinnerungskultur vor, die durch zahllose Einspielungen charakterisiert ist und die selbst noch das visuell dominierte Internet-Zeitalter mitprägt. Eine der ersten Gesamtaufnahmen überhaupt bietet der Live-Mitschnitt von Toscaninis oben erwähnter Salzburger Produktion von 1937. Diese Mono-Aufnahme genießt unter Kennern einen legendären Ruf – trotz der katastrophalen Tonqualität. Doch ebenso schlagen interpretatorische Mängel zu Buche. Zwar ist Toscaninis auf scharfe Akzente und straffe Tempi setzende Interpretation spannend – im Ouvertüren-Allegro sogar atemberaubend – und insofern zukunftsweisend. Aber, von Willi Domgraf-Fassbaender als Papageno einmal abgesehen, wird meist schlecht und von der Königin der Nacht und von Monostatos sogar falsch gesungen. Alexander Kipnis wiederum lässt sich als Sarastro von Toscaninis Tempovorgaben überhaupt nicht beeindrucken und macht, was er will.

Von überraschend guter Klangqualität ist hingegen Thomas Beechams auf die Sprechdialoge verzichtende Aufnahme mit den Berliner Philharmonikern von 1937/38. Schlank und klar artikuliert auch hier das Orchester, freilich bei breiteren Tempi. Auch hier singt Helge Rosvaenge wie bereits bei Toscanini einen gar zu heldischen Tamino, aber Tiana Lemnitz ist eine Pamina von aristokratischer Haltung, tragischem Ernst und vollendeter Phrasierungskunst. Als wäre sie geradewegs aus Schinkels Bühnenprospekt herausgetreten, singt Erna Berger die Koloraturen der nächtlichen Königin: wie ein glitzerndes Sternengefunkel. Ihre Schülerin Rita Streich knüpfte in Ferenc Fricsays Aufnahme, in der Schauspieler die Dialoge übernommen haben, nahtlos an Erna Bergers kristalliner Interpretation an. Mit Fricsays Einspielung von 1954 befinden wir uns bereits in der Nachkriegszeit. Für den Mozart-Gesang ist dies gleichbedeutend mit einem Epochenwechsel. Denn nun wurden – insbesondere in Wien – erstmals in der gesamten Aufführungsgeschichte auf Mozart spezialisierte Interpreten tonangebend. Ein Qualitätsschub resultierte daraus. Bereits in Herbert von Karajans Einspielung von 1950 sind mit Anton Dermota als sanftmütigem Tamino, Irmgard Seefried als ganz und gar verinnerlichter Pamina und Wilma Lipp (Königin der Nacht) die Stars der damaligen Wiener Mozart-Szene zu hören – allerdings in unbefriedigender Aufnahmequalität.

Die wird erst mit der Einführung der Stereo-Technik keine Wünsche mehr offenlassen. Ein interpretatorischer Zugewinn ist damit aber hinsichtlich der Dirigate nicht unbedingt verbunden. Zwar hat etwa Otto Klemperers sprechdialogfreie Aufnahme von 1963 bis in die Nebenrollen hinein ein Weltklasse-Ensemble zu bieten. Das Dirigat ist aber dermaßen pathosgesättigt, dass der Humor im Orchester zumeist erstickt wird. Für die romantisierende Interpretationsauffassung der 1960er bis 1980er Jahre ist Klemperers Aufnahme exemplarisch. Aber auch seine Kollegen Karl Böhm (1964), Georg Solti (1971) und Herbert von Karajan (1984) tendieren dazu, aus der *Zauberflöte* ein Bühnenweihfestspiel zu machen. Der

Orchestersound wird füllig. Er ist bassbetont, die Artikulation wird abgeschliffen, die Tempi werden gedehnt, und die stark besetzten Chorpassagen geraten überdies pompös. Trotzdem sind diese Aufnahmen grandios. Wie das? Weil die Solisten klassische Standards setzen. Da singt bei Karl Böhm der beste Tamino aller Zeiten – nämlich Fritz Wunderlich. Seitdem haben sich alle heldentenoralen Attitüden für diese Rolle ein für allemal erledigt. Doch wer will zwischen den damaligen Paminen – Gundula Janowitz (Klemperer), Pilar Lorengar (Solti), Edith Mathis (Karajan) – gewichten? Oder zwischen Walter Berry (Klemperer), Hermann Prey (Solti), Dietrich Fischer-Dieskau (Fricsay und Böhm) als Papageno? Allesamt liefern die Interpreten dieser Zeit Rollenporträts von unverkennbarer Individualität. Und das gilt genauso für die Nebenrollen: Man denke etwa an Elisabeth Schwarzkopf als skurrile Erste Dame (Klemperer), an James Kings ekstatischen Ersten Geharnischten (Böhm) oder Gerhard Stolzes psychotischen Monostatos (Solti). Ein recht frisches Dirigat und die Imagination einer Bühnenaufführung mit lebendig gesprochenen Dialogen charakterisiert wiederum die Einspielung von Wolfgang Sawallisch (1973). Auch hier bringt einen die Ensembleleistung – mit Peter Schreier als Tamino, Anneliese Rothenberger als Pamina und Kurt Moll als Sarastro – zum Schwärmen. Die Sensation dieser Aufnahme ist aber Edda Moser. War Erna Berger Karl Friedrich Schinkels unnahbare Königin der Nacht, so bietet Edda Moser das dämonische Pendant aus dem Bühnenbild Simon Quaglios. Lediglich ihre Kollegin Cristina Deutekom (Solti) bot Moser in dieser hochdramatischen Interpretation der Rolle Konkurrenz.

Eine Wende hin zu Interpretationen, in denen das Dirigat stärker in den Vordergrund rückt, bieten die Einspielungen der 1990er-Jahre und

Edda Moser: Die Königin der Nacht im Weltraum

1977 startete mit zwei Raumsonden die interstellare Voyager-Mission der NASA. Beide Flugkörper haben eine Datenplatte mit Bild- und Audio-Informationen an Bord. Auf den vergoldeten Kupferscheiben befinden sich auch Beispiele verschiedener Musikkulturen, darunter als einzige Opernarie die Rache-Arie der Königin der Nacht in Edda Mosers zornflammender Interpretation unter dem Dirigat von Wolfgang Sawallisch. Inzwischen bewegt sich die Raumsonde Voyager 1 außerhalb der Heliosphäre im interstellaren Raum. Damit ist Edda Moser die einzige Opernsängerin weltweit, die auf eine intergalaktische Fangemeinde hoffen kann.

nach der Jahrtausendwende. Denn nun greift die sogenannte historisch informierte Aufführungspraxis nach der *Zauberflöte*. Und das heißt, dass ein am Orchester der Mozart-Zeit orientiertes Instrumentarium samt der zugehörigen historisch verbürgten Spielweisen zum Einsatz kommt. Ein entschlacktes, vom romantischen Firnis befreites Klangbild resultiert daraus. Es wird transparent – dank präziser Artikulation und Phrasierung, dank eines zurückhaltenden Umgangs mit dem Vibrato in den Streichern. Zwar ist das Orchester nach wie vor ein für den Auftritt der Sänger bereitgestellter Klangteppich. Doch hat es an Mitteilsamkeit und Sprachfähigkeit gewonnen, sodass es sich nun an der musikalischen Kommunikation partnerschaftlich beteiligt. 1990 stellten Nikolaus Harnoncourt (Orchester

Daniel Behle: Ein lyrischer Tenor, der Tamino erwachsen werden lässt

Schmelz, Frische, Stilsicherheit, Unmittelbarkeit, Textverständlichkeit: Die Kritiker sind sich in ihrem Lob weitgehend einig, sobald sie auf den Hamburger Tenor Daniel Behle zu sprechen kommen. Und wer als lyrischer Tenor mit solchen Tugenden aufwarten kann, wird automatisch mit dem legendären Fritz Wunderlich verglichen, zumal, wenn es um dessen Paraderolle, den Tamino, geht. Ist Behle also ein zweiter Wunderlich? »Der Vergleich kommt oft, und Fritz gewinnt immer«, so blockt der Künstler das schmeichelhafte Kompliment ab. Denn entscheidend ist ja, dass Behle aus seiner eigenen Persönlichkeit das Profil der Partie entwickelt. Dazu hatte er 2009 in Aix-en-Provence erstmals Gelegenheit: in William Kentridges bereits erwähnter kinematografischer Inszenierung und unter der musikalischen Leitung von René Jacobs. Diese Produktion gehörte quasi zum Vorlauf von René Jacobs CD-Einspielung von 2010. Was Behle an der *Zauberflöte* insgesamt und an der Rolle des Tamino im Besonderen fasziniert? »Dass Mozart durch die Psychologisierung der Figuren eine Meta-Ebene ins Stück hineingebracht hat. Mit Blick auf Tamino zeigt sich das in der Entwicklung vom Kind zum Mann. So kommt in der Bildnis-Arie, dem Ausgangspunkt von Taminos Reifeprozess, eine geradezu jungfräuliche Reinheit zum Tragen. Dann wird er in die Erwachsenenwelt hineingeschleudert; und, durch das Prüfungsgeschehen des 2. Akts ernüchtert, ist er zum Happy End hin ziemlich desillusioniert.« Den roten Faden dieses Entwicklungsromans sieht Behle trotz der Sprechdialoge vor allem durch den Gesang gezogen. Bei einem Melodiker wie Mozart müsse der Interpret »die Linie zum Glänzen bringen.« Behles Tamino ist damit auch ein Plädoyer für einen nicht zuletzt dem Liedgesang verpflichteten lyrischen Belcanto.

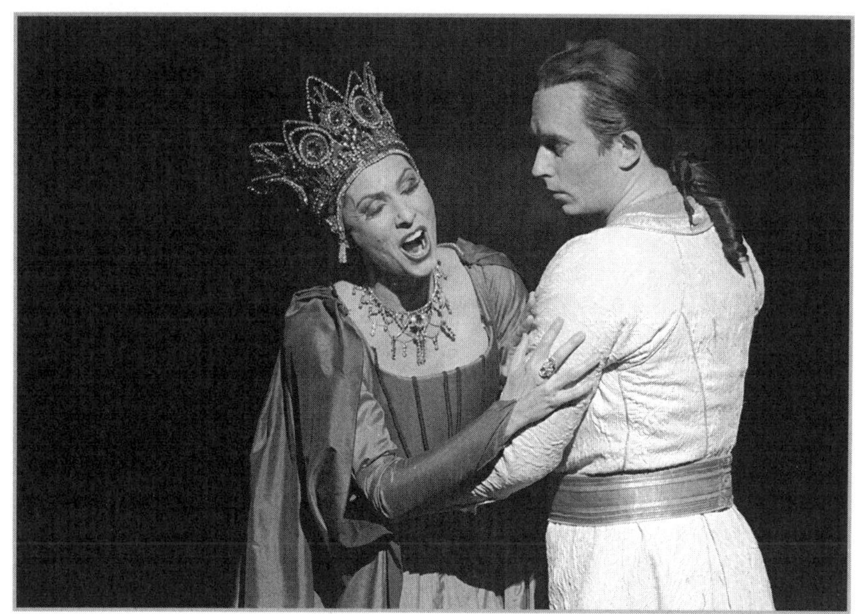

des Opernhauses Zürich) und Roger Norrington (London Classical Players) ihre sich aufs späte 18. Jahrhundert fokussierenden Klangrekonstruktionen vor, wobei der eine zu extrem langsamen oder schnellen Tempi neigte, während der andere generell zügige Tempi bevorzugte, sodass etwa Norringtons Geharnischte geradezu auf der Flucht zu sein scheinen. Harnoncourts mit erzählenden Zwischentexten ausgestattete Version bietet aber die bessere Sängerriege. Edita Gruberová als Königin der Nacht ist hier auf dem Zenit ihrer Gesangskunst zu hören. Doch auch Barbara Bonney (Pamina), Hans Peter Blochwitz (Tamino) und Matti Salminen (Sarastro) können mit den Stars der Vorgängergeneration durchweg mithalten. Eine ganz und gar intime *Zauberflöte* legte zwei Jahre später der Schwede Arnold Östman mit dem Drottningholmer Hoftheater-Orchester vor. Man glaubt sich in die überschaubaren Verhältnisse des Wiedner Theaters zurückversetzt, so schlank und fein geht es hier zu. Das bekommt insbesondere den luziden Chorszenen und verleiht obendrein dem Gespräch des Tamino (Kurt Streit) mit dem Priester (Håkan Hagegård) im 1. Akt ein Höchstmaß an Plastizität und Nachdenklichkeit. Die Grenzen von Östmans Interpretationsansatz zeigen sich indessen in den makellosen Koloraturen von Sumi Jo als Königin der Nacht: Sie sind zu schön, um im Sinne eines überzeugenden Rollenprofils wahr zu sein.

Die Königin der Nacht (Erika Miklósa) und Tamino (Daniel Behle) in August Everdings unverwüstlicher Münchner Inszenierung.

Dass die Erkenntnisse der historisch informierten Aufführungspraxis inzwischen auch auf die Spielweise der modernen Instrumente übertragen werden, zeigt Claudio Abbados Produktion mit dem Mahler Chamber Orchestra von 2006. Abbado macht hier Nebenstimmen wahrnehmbar, die andernorts oft genug unterbelichtet bleiben. Mit Dorothea Röschmann steht ihm eine hoch reflektierte Pamina zur Verfügung und mit Hanno Müller-Brachmann ein viril timbrierter Papageno in der Nachfolge des Frauenverführers Schikaneder, und René Pape ist ohnehin *der* Sarastro unserer Zeit.

Ein besonderes Hörvergnügen bietet schließlich die 2010 herausgekommene Aufnahme mit der Akademie für Alte Musik Berlin unter der musikalischen Leitung von René Jacobs, der überdies als Arrangeur der Produktion ein rundum originelles Gepräge verleiht. Denn in dieser Studio-Aufnahme wurde mit dem Medium Schallplatte vollends ernst gemacht und die *Zauberflöte* in ein Hörspiel mit allerlei Geräuscheffekten und kurzweiligen Zutaten verwandelt. So lässt Jacobs in der Introduktion die drei Damen eine von Mozart noch vor der Uraufführung verworfene Solo-Kadenz singen, und er hält die Interpreten in Anlehnung an die Gesangspraxis des späten 18. Jahrhunderts immer wieder zur Auszierung ihrer Partien an. Darüber hinaus streut das Fortepiano voraus- oder zurückweisende Fragmente aus der *Zauberflöten*-Musik in die ungekürzten Sprechszenen ein. Oder die drei Damen (Inga Kalna, Anna Grevelius und Isabelle Druet) warten mit herrlich schrägen Gesangsimprovisationen auf, wenn sie etwa Papageno glauben maßregeln zu müssen. Kurzum: Die Solisten, allen voran Daniel Behle als Tamino, werden zu Sängerschauspielern – eine Ensembleleistung wie aus einem Guss.

Andere Formate: Die »Zauberflöte« als Film, als Puppentheater oder als Show

Einen Genrewechsel, der René Jacobs Hörspiel-Version vergleichbar ist, bieten die *Zauberflöten*-Produktionen, die anders als die zahlreichen DVD-Mitschnitte von Operninszenierungen von vornherein als Film konzipiert wurden. Hier ist als Frühwerk der Filmkunst Lotte Reinigers *Papageno*-Fantasie von 1935 zu nennen: eine zehnminütige Urwald-Idylle in Schwarzweiß mit beweglichen Scherenschnitt-Figuren, basierend auf Ausschnitten aus Mozarts Papageno-Musik, aber mit einer von der Oper abweichenden Liebeshandlung zwischen Papageno und Papagena. Es war dann 40 Jahre später Ingmar Bergman, der die *Zauberflöte* erstmals zum großen Filmereignis machte. In einem Nachbau der barocken Drottningholmer Schlosstheaterbühne inszenierte Bergman bei leicht gekürzter Partitur diese schwedischsprachige Produktion mit Liebe zum Detail. Zum einen simuliert der Film eine Opernaufführung, die in gemalten Kulissen im Stil der Mozart-Zeit stattfindet. Zum anderen faszinieren Perspektivenwechsel: Zum Blick auf und hinter die Bühne oder in den Schlosspark treten Einstellungen, die ein Opernpublikum zur Zeit Bergmans beobachten. Filmtricks, wie das sich verlebendigende Porträt Paminas, kommen hinzu. So entsteht die Fiktion eines offenen Kunstwerks. In seiner englischsprachigen *Zauberflöten*-Adaption von 2006 griff Kenneth Branagh im Sinne einer Hommage auf den Porträt-Trick zurück. Dieses Mal befinden wir uns in einer dem Ersten Weltkrieg ähnelnden Kriegshandlung, wofür Stephen Fry eine gänzlich neugefasste Textgrundlage schuf. Durch Computergenerierung erreicht der Film mitunter Blockbuster-Format, und dennoch gelingt es Branagh, die mozartische Mischung von Humor und Ernst, von Intimität und Erhabenheit aufs Filmgenre zu übertragen. Übrigens gilt für beide Verfilmungen: Hier wie dort wird richtig gut musiziert und gesungen.

Da Mozarts letzte Oper als *das* Einstiegswerk par excellence in die Gattung gilt, hat das Bemühen um ihre kindgerechte Aufbereitung einen Sonderzweig in der Rezeptionsgeschichte hervorgebracht, der hier nur kurz gestreift werden soll. Da gibt es *Die Zauberflöte für Kinder erzählt* von Karlheinz Böhm mit Ausschnitten aus der Fricsay-Aufnahme als CD, und auf dem DVD-Markt ist Christian Böschs Fassung erhältlich, in der er 1982 die Kinder durch Jean-Pierre Ponnelles Inszenierung in der Salzburger Felsenreitschule führte. Auch eine Version der Augsburger Puppenkiste zum Hereinschnuppern für die ganz Kleinen ist auf dem Markt. Zum Klassiker des Puppenspiels avancierte wiederum die Aufführung des Salzburger Marionettentheaters (als Play-back: abermals die Fricsay-Aufnahme), zu dessen 100. Geburtstag die Österreichische Post 2013 eine Papageno-Briefmarke herausgab.

Auf das Riesenformat eines bravourös dargebotenen Show-Spektakels wurde Mozarts Oper 2013/14 bei den Bregenzer Festspielen aufgedonnert. David Pountney bot hier – so Volker Hagedorn in der *Zeit* – auf der von monströsen Drachenhunden eingerahmten Seebühne »die schikanederischste Zauberflöte seit 1791«. Damit sei zum Schluss die Prognose gewagt, dass die neuen Medien und Formate weiterhin innovative Werkkonzeptionen für Mozarts letzte Oper entwickeln werden, die geeignet sind, auch außerhalb des Opernhauses das Publikum generationsübergreifend zusammenzuführen. Denn das gelingt der *Zauberflöte* ja wie keiner anderen Oper, das ist nach wie vor ihr »Alleinstellungsmerkmal«.

Anhang

Glossar

Arie, arios: Größer dimensioniertes Gesangsstück von geschlossener Form mit instrumentaler Begleitung. Eine der Arie entsprechende ariose Tongebung findet sich auch in anderen Gesangsstücken (z. B. in Ensembles).

Buffo: Meint in der Gattung Oper wie in der Handlung, so in der Musik die Charakteristika des komischen Genres.

Chromatik: Im Gegensatz zur Diatonik, die nur leitereigene Töne einer Tonart benutzt, sind in chromatischen Verläufen auch leiterfremde Halbtöne eingefügt.

Coda: Schlussteil einer Komposition, etwa im → Sonatensatz.

Deklamation, deklamieren: Die Art und Weise des Textvortrags in der Musik.

Diskant: Die oberste Stimme einer Komposition.

Dissonanz: Spannungsklang. In der Musik der Klassik drängt die Dissonanz zur Auflösung in die Konsonanz.

Dominante: In tonaler Musik der Dreiklang, der auf der V. Stufe einer Tonleiter gebildet wird und zur Auflösung in die → Tonika drängt.

Dominantseptakkord: Vierklang auf der V. Stufe mit hinzugefügter kleiner Septime. Dissonante Verschärfung der zur Auflösung in die → Tonika drängenden → Dominante.

Durchführung: → Sonatensatz.

Exposition: Themenaufstellung, insbesondere im → Sonatensatz.

Fermate: Haltepunkt von unbestimmter Dauer.

Finale: Schlusssatz einer Komposition. In der Oper eine durchkomponierte, oft über mehrere Auftritte sich erstreckende Ensemblenummer am Aktende.

Fugato: → Fugenartiger Abschnitt innerhalb eines Musikstücks.

Fuge: Formprinzip und Gattung insbesondere aus der Zeit des Barock. Hierbei setzt eine Stimme mit einem Thema ein, und sukzessive übernehmen die anderen Stimmen auf anderen Tonstufen dieses Thema, während die vorausgegangenen Stimmen gemäß den Regeln des → Kontrapunkts weiterspielen.

Generalpause: Pause sämtlicher Instrumente und Sänger innerhalb eines Musikstücks.

Introduktion: Erste Nummer eines Opernakts mit vorausgehender instrumentaler Einleitung.

Jamben: In der Verslehre eine Folge von unbetonten und betonten oder von kurzen und langen Silben.

Kadenz: Schlusswendung in der Harmonik, die die Tonart definiert.

Kanon: → Kontrapunktischer Spezialfall, bei dem eine einzige melodische Linie vorgegeben ist und die beteiligten Stimmen zeitversetzt einsetzen.

Klausel: Schlussbildung nach Maßgabe des → Kontrapunkts.

Koloratur: Schnelle, virtuose Gesangsphrase.

Kontrapunkt: Kompositionstechnisches Verfahren, das sich im mehrstimmigen Satz auf die Stimmen bezieht, die nach bestimmten Regeln miteinander interagieren.

Libretto: Aus dem Italienischen, zu deutsch »Büchlein«. Textgrundlage für eine Komposition.

Lied: Eingängige, strophisch gegliederte Gesangsform, oft mit Refrain.

Mauerschau: In Theaterstücken ein Botenbericht über Vorgänge, die zur Jetztzeit außerhalb der Szene vor sich gehen.

Melos: Wie in vokaler, so in instrumentaler Musik das sangliche Moment einer musikalischen Linie.

Modulation: Übergang in eine andere Tonart.

Neapolitanischer Sextakkord: Dreiklang auf der erniedrigten II. Stufe einer Molltonart, bei dem nicht der Grundton, sondern die Terz im Bass liegt. Er ersetzt die → Subdominante. In der Musik des 18. Jahrhunderts eine hoch expressive harmonische Wendung.

Parlando: Eine Gesangsart, die das schnelle Sprechen nachahmt, indem der Text Silbe für Silbe und häufig auch mit vielfachen Wortwiederholungen vorgetragen wird, um einen komischen Effekt zu erzielen.

Pizzicato: Sonderspielweise bei Streichinstrumenten, bei der die Saiten nicht gestrichen, sondern gezupft werden.

Polyphon, Polyphonie: Mehrstimmige Kompositionsstruktur, bei der die Stimmen nach den Regeln des → Kontrapunkts zueinander in Beziehung treten.

Reprise: Themenwiederaufnahme, insbesondere im → Sonatensatz.

Rezitativ: Sprechgesang, der bis ins 19. Jahrhundert entweder nur vom Cembalo oder aber vom Orchester (Accompagnato) gestützt wurde.

Rondo: Insbesondere in der klassisch-romantischen Instrumentalmusik gebräuchliche Form, oft für Schlusssätze, in der ein Hauptthema (Ritornell) mehrmals wiederkehrt und mit Zwischenepisoden abwechselt.

Schlussgruppe: → Sonatensatz.

Sequenz: Wiederholung einer motivischen Einheit auf mehreren Tonstufen in aufsteigender oder absteigender Reihenfolge.

Sforzato: Akzent zur Hervorhebung einer einzelnen Note. Der Plural lautet Sforzati.

Sinfonie, sinfonisch: Mehrsätzige orchestrale Hauptgattung der klassisch-romantischen Musikepoche, deren Einleitungssatz meist als → Sonatensatz angelegt ist. Die an der Sinfonie orientierte musikalische Ausarbeitung nennt man sinfonisch.

Singspiel: Deutsches Operngenre des 18./19. Jahrhunderts mit gesprochenen Dialogen zwischen den musikalischen Nummern.

Sonatensatz: Eine Verlaufsform der Instrumentalmusik, deren Formprinzip sich aus der tonalen Spannung ergibt. Mitunter ist dem Sonatensatz, insbesondere den ersten Sätzen von Sinfonien, eine langsame Einleitung vorgelagert. Im ersten Teil des eigentlichen Sonatensatzes, der Exposition, eröffnet sich die den Formverlauf bestimmende tonale Spannungsdifferenz folgendermaßen: Ein erstes Thema wird in der Grundtonart eingeführt, danach kommt ein zweites Thema in einer anderen Tonart ins Spiel (in Dur-Kompositionen zumeist in der Dominanttonart) und bildet den sogenannten Seitensatz aus. Ein knapp gehaltener Formteil, die Schlussgruppe, bestätigt die neue Tonart. In der anschließenden Durchführung kommt unter Bezug auf das in der Exposition vorgestellte musikalische Material ein meist recht lebhaftes Geschehen in Gang, das letztlich zum Ziel hat, den Wiedereintritt der Grundtonart herbeizuführen. Dieser erfolgt zu Beginn der Reprise, in der die Themen mehr oder minder notengetreu in ihrer ursprünglichen Gestalt wiederkehren, freilich verbleiben nun auch Seitensatz und Schlussgruppe in der Grundtonart. Häufig schließt sich eine Coda an, die den Satz effektvoll zum Abschluss bringt.

Sotto voce: Mit geflüsterter Stimme.

Sturmmarsch: In der Militärmusik ein Marsch in schnellstem Tempo während eines Angriffs.

Subdominante: Unterdominante. In tonaler Musik der Dreiklang, der auf der IV. Stufe einer Tonleiter gebildet wird.

Synkope: Betonungsverschiebung auf den schwachen Taktteil.

Tonika: Grundtonart eines Musikstücks und der Dreiklang, der auf der I. Stufe einer Tonleiter gebildet wird.

Tremolo: Bei Streichern rascher gleichmäßiger Bogenwechsel auf demselben Ton.

Trugschluss: Abweichung von der traditionellen → Kadenz, bei der auf die → Dominante nicht die → Tonika folgt, viel mehr die VI. Stufe, in C-Dur also auf die G-Dur-Dominante a-Moll.

Unisono: Einklang.

Verminderter Septakkord: Scharf dissonierender Vierklang, bestehend aus drei übereinander geschichteten kleinen Terzen.

Zitierte und empfohlene Literatur

Notenausgaben

Wolfgang Amadeus Mozart: Neue Ausgabe sämtlicher Werke (NMA), Serie II: Bühnenwerke, Werkgruppe 5, Bd. 19: Die Zauberflöte, vorgelegt von Gernot Gruber und Alfred Orel, Kassel u. a. 1970

W. A. Mozart: Die Zauberflöte. Eine deutsche Oper in zwei Aufzügen, Klavierauszug nach dem Urtext der Neuen Mozart-Ausgabe von Martin Schelhaas, Kassel u. a. 2007

Librettoausgaben

Die Zauberflöte. Ein literarischer Opernbegleiter mit dem Libretto Emanuel Schikaneders, hrsg. von Jan Assmann, Zürich 2012

Wolfgang Amadeus Mozart. Die Zauberflöte KV 620. Eine große Oper in zwei Aufzügen. Libretto von Emanuel Schikaneder, hrsg. von Hans-Albrecht Koch, Stuttgart 1991

Biografische Quellen und allgemeine Literatur

Mozart. Briefe und Aufzeichnungen, hrsg. von der Internationalen Stiftung Mozarteum Salzburg, gesammelt und erläutert von Wilhelm A. Bauer und Otto Erich Deutsch; Erweiterte Ausgabe mit einer Einführung und Ergänzungen, hrsg. Von Ulrich Konrad, Kassel u. a. 2005

Mozart. Die Dokumente seines Lebens, hrsg. von Otto Erich Deutsch, Kassel u. a. 1961

Mozart. Die Dokumente seines Lebens. Addenda und Corrigenda, zusammengestellt von Joseph Hein Eibl, Kassel u. a. 1978

Mozart. Die Dokumente seines Lebens. Addenda. Neue Folge, zusammengestellt von Cliff Eisen, Kassel u. a. 1997

Mozart-Handbuch, hrsg. von Silke Leopold, Kassel u. a. 2005

Literatur zu Biografie und Werk

Assmann, Jan: Die Zauberflöte. Oper und Mysterium, München / Wien 2005

Baur, Eva Gesine: Emanuel Schikaneder. Der Mann für Mozart, München 2012

Branscombe, Peter: W. A. Mozart. Die Zauberflöte, Cambridge 1991 (Cambridge Opera Handbooks)

Csampai, Attila / Holland, Dietmar (Hrsg.): Wolfgang Amadeus Mozart. Die Zauberflöte. Texte, Materialien, Kommentare, Reinbek 1982

Einstein, Alfred: Mozart. Sein Charakter – Sein Werk, Frankfurt a. M. 1978

Everding, August: Die Zauberflöte. Erinnerungen an 1978, in: Programmbuch der Bayerischen Staatsoper, München 2004, S. 39–45

Geck, Martin: Mozart. Eine Biographie, Reinbek 2005

Greither, Aloys: Die sieben großen Opern Mozarts, Heidelberg 1977

Harnoncourt, Nikolaus: Mozart-Dialoge. Gedanken zur Gegenwart der Musik, hrsg. von Johanna Fürstauer, Kassel u. a. 2009

Hauptner, Brigitte (Hrsg.): Katalog zur 269. Wechselausstellung der Österreichischen Galerie Belvedere *Moritz von Schwind. Zauberflöte*, Wien 2004

Kunze, Stefan: Mozarts Opern, Stuttgart 1984

Levi, Erik: Mozart and the Nazis. How the Third Reich Abused an Cultural Icon, New Haven / London 2010

Mahling, Christoph-Hellmut: Mozart. Die Zauberflöte (1791), in: Pipers Enzyklopädie des Musiktheaters, hrsg. von Carl Dahlhaus und dem Forschungsinstitut für Musiktheater der Universität Bayreuth unter der Leitung von Sieghart Döhring, München 1991, Bd. 4, S. 341–352

Meinhold, Günter: *Zauberflöte* und *Zauberflöten*-Rezeption. Studien zu Emanuel Schikaneders Libretto *Die Zauberflöte* und seiner literarischen Rezeption, Frankfurt a. M. 2001

Nagel, Ivan: Autonomie und Gnade. Über Mozarts Opern, München / Kassel 1991

Schläder, Jürgen: Die Botschaft vom Glück des Menschen. Zur Inszenierungsgeschichte der *Zauberflöte* in München, in: Wolfgang Amadeus Mozart. Die Zauberflöte, Programmbuch der Bayerischen Staatsoper, München 2004, S. 8–19

Schmid, Manfred Hermann: Mozarts Opern. Ein musikalischer Werkführer, München 2009

Schreiber, Ulrich: Die Zauberflöte, in: Mozart-Handbuch, hrsg. von Silke Leopold, Kassel u.a. 2005, S. 143–157

Schreiber, Ulrich: Die Zauberflöte, in: ders., Opernführer für Fortgeschrittene. Die Geschichte des Musiktheaters, Kassel u.a. 2010, Bd. 1, S. 488–501

Wolff, Christoph: »Vor der Pforte meines Glückes«. Mozart im Dienst des Kaisers (1788–1791), Kassel u.a. 2013

Abbildungsnachweis

akg-images: 12, 55, 66 oben, 66 unten, 103, 109, 113

akg-images / Album / Peter Moores Foundation / Rolf Konow: 71 unten

akg-images / De Agostini Picture Lib. / A. Dagli Orti: 67 oben

akg-images / Erich Lessing: 11

akg-images / Imagno / Joseph Peter Schaffer: 22

akg-images / Imagno / Joseph Quaglio: 111

akg-images / Imagno / k. A.: 57

akg-images / Marion Kalter: 68 oben, 68 unten, 69, 79

akg-images / picture-alliance / dpa: 70 unten

Bildagentur für Kunst, Kultur und Geschichte (Staatsbibliothek zu Berlin – PK, Musikabteilung mit Mendelssohn-Archiv, Mus. ms. Autogr. W. A. Mozart 620): 91

Fondation Oskar Kokoschka / VG Bild-Kunst, Bonn 2015: 39

Wilfried Hösl: 72, 127

Ursula Kaufmann: 37

Anja Köhler: 67 unten

Klaus Lefebvre: 9, 51, 70 oben

Niederösterreichisches Landesarchiv / St. Pölten (Nö. Regierung, E 1 Zl. 22924 bei 19798 ex 1789): 21

Monika Rittershaus: 65

Wolfgang Runkel: 49, 71 oben

Ullstein Bild: 59

Bücher von großen Zauberflöten-Interpreten

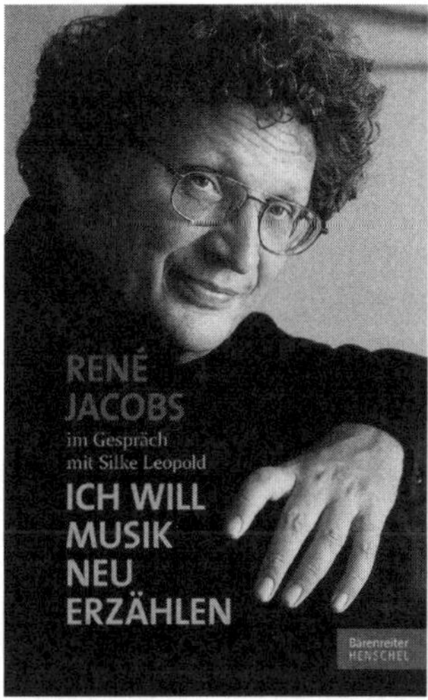

René Jacobs

im Gespräch mit Silke Leopold

»Ich will Musik neu erzählen«

223 S. mit 26 größtenteils farbigen Abbildungen; gebunden
ISBN (Henschel) 978-3-89487-910-5
ISBN (Bärenreiter) 978-3-7618-2266-1

Das erste Buch des weltberühmten Operndirigenten und Sängers, der eine Schlüsselfigur der Alte-Musik-Bewegung ist.

In ihm gibt René Jacobs im Gespräch mit der Opern- und Barockexpertin Silke Leopold Auskunft über seine Arbeit als Dirigent und Sänger, über seine Karriere und alle Fragen rund um Aufführungspraxis und Interpretation.

Mit einer Einführung in die jeweilige Thematik von Silke Leopold.

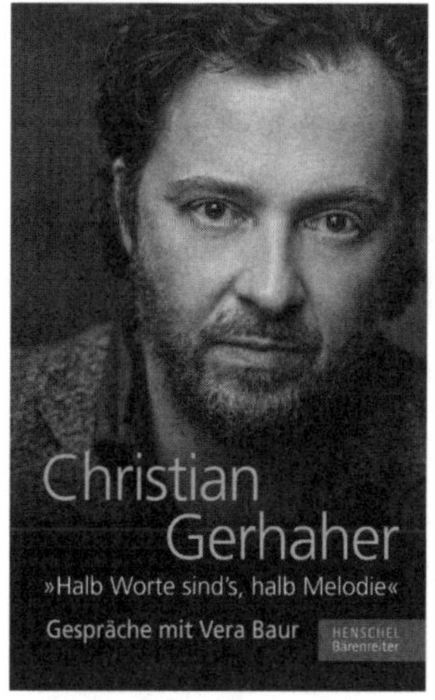

Christian Gerhaher

»Halb Worte sind's, halb Melodie«

Gespräche mit Vera Baur

171 S. mit 30 größtenteils farbigen Abbildungen; gebunden
ISBN (Henschel) 978-3-89487-942-6
ISBN (Bärenreiter) 978-3-7618-2365 1

Christian Gerhaher ist ein Phänomen. Vom Publikum gefeiert, von der Fachwelt umjubelt und in seinem Rang als Liedsänger oft mit Dietrich Fischer-Dieskau verglichen, bleibt er ein Zweifler, der sich und seine Kunst in Frage stellt. Vielleicht macht ihn dies zu jenem Ausnahmekünstler, dessen warme, klare, hell timbrierte Stimme umso mehr verzaubert, als er Lieder, Opernrollen und Konzertpartien gedanklich stets tief durchdringt und auf Existenzielles befragt.

Erstmals reflektiert er in Buchform Themen und Erfahrungen, die ihn bewegen und die seine Laufbahn geprägt haben.

Weitere Bände aus der Reihe »Opernführer kompakt«

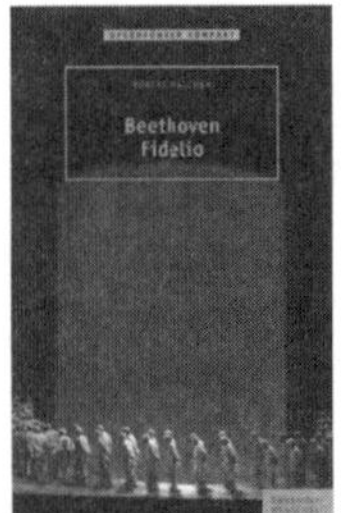

Robert Maschka
Beethoven
Fidelio

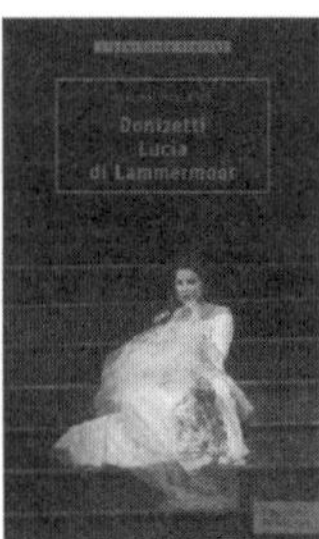

Olaf Matthias Roth
Donizetti · Lucia
di Lammermoor

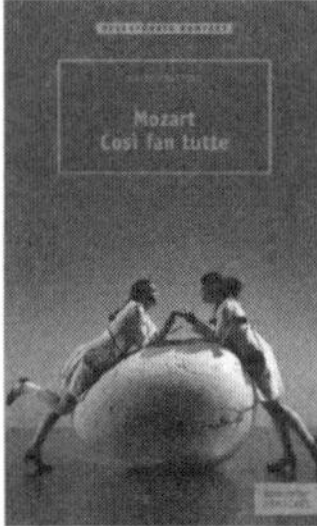

Malte Krasting
Mozart
Così fan tutte

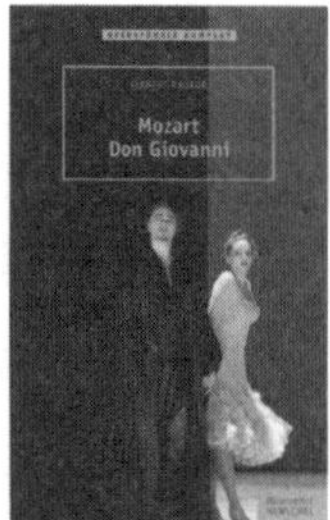

Clemens Prokop
Mozart
Don Giovanni

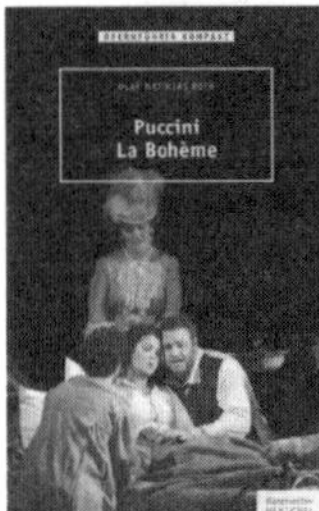

Olaf Matthias Roth
Puccini
La Bohème

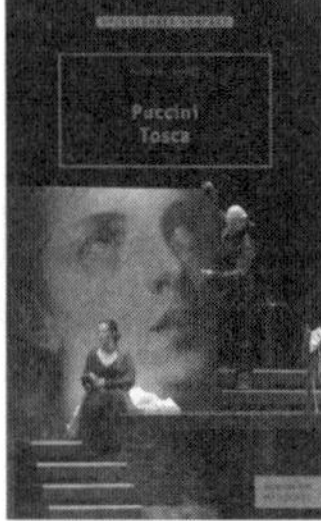

Michael Horst
Puccini
Tosca

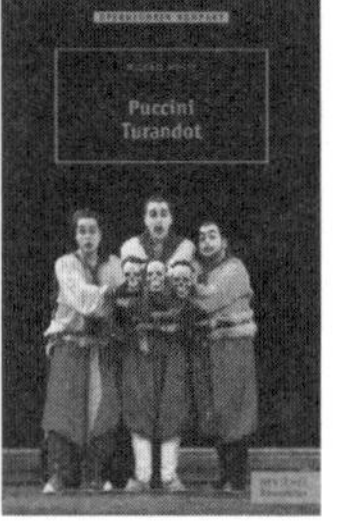

Michael Horst
Puccini
Turandot

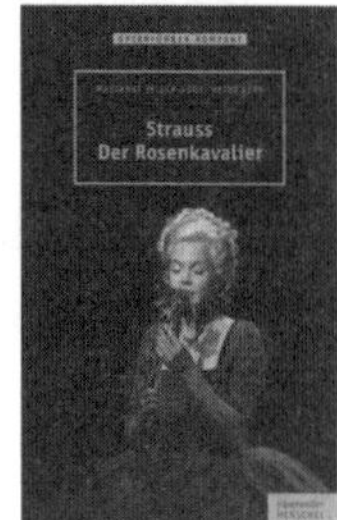

M. Zelger-Vogt,
H. Kern · **Strauss**
Der Rosenkavalier

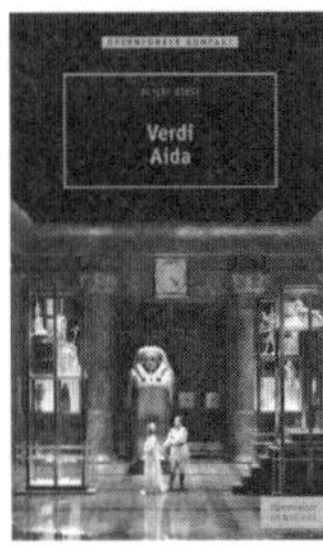

Detlef Giese
Verdi
Aida

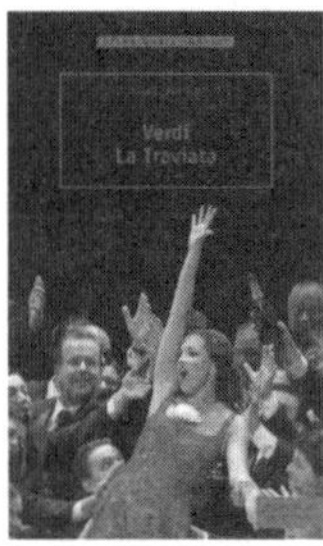

Silke Leopold
Verdi
La Traviata

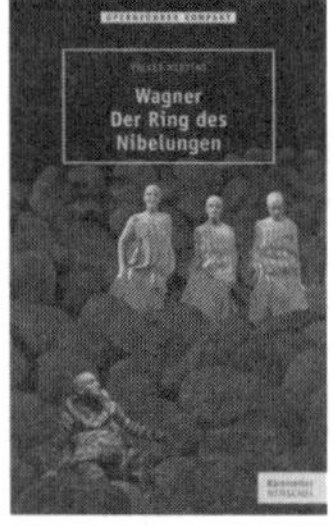

Volker Mertens
Wagner · Der Ring
des Nibelungen

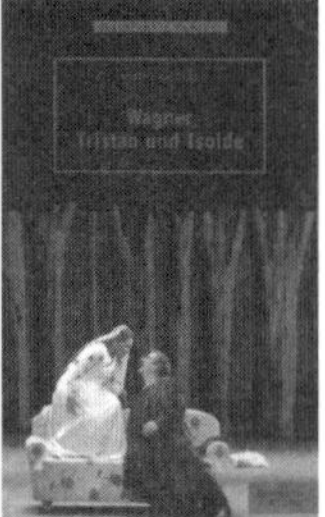

Robert Maschka
Wagner
Tristan und Isolde

außerdem:

Daniel
Brandenburg
Verdi · Rigoletto

Weitere Bände in Vorbereitung

Ausführliche Informationen: www.baerenreiter.com · www.henschel-verlag.de